LES MEILLEURES RECETTES

Mini BUDGET

–

100% TESTÉ

LAROUSSE

SOMMAIRE

ENTRÉES, SOUPES ET SALADES

RILLETTES DE TRUITE FUMÉE

POUR 6 PERSONNES

Préparation : 5 min
Cuisson : 10 min

250 g de truite fumée
100 g de beurre ramolli
100 g de fromage blanc
le jus de 1 citron
1 poignée de cresson
3 tranches de pain complet
2 c. à soupe d'huile d'olive
sel

1 Préchauffez le four à 190 °C. Mixez brièvement la truite, le beurre, le fromage blanc, le jus de citron et le cresson. Le mélange doit garder une certaine texture.

2 Arrosez les tranches de pain d'huile, parsemez de sel et enfournez pour 10 min, jusqu'à ce qu'elles soient croustillantes. Servez les rillettes avec les tranches de pain.

RECETTE WAHOU !

EXPRESS

MUFFINS AU FROMAGE

POUR 12 MUFFINS

Préparation : 15 min
Cuisson : 25 min

100 g de fromage fort (comté, parmesan...)
275 g de farine
2 c. à café de levure chimique
1/2 c. à café de bicarbonate
1 pincée de sel
1 c. à café de moutarde
6 c. à soupe d'huile de tournesol
150 g de yaourt grec
12,5 cl de lait
1 œuf

1 Préchauffez le four à 200 °C. Déposez des caissettes en papier dans les alvéoles d'un moule à muffins. Râpez la moitié du fromage et coupez le reste en dés.

2 Dans un saladier, déposez la farine, la levure, le bicarbonate, le sel et la moutarde. Dans un autre récipient, mélangez le fromage, l'huile, le yaourt, le lait et l'œuf.

3 Versez ces deux préparations dans un même récipient, mélangez et répartissez la pâte dans le moule à muffins. Enfournez pour 20 à 25 min, jusqu'à ce que les muffins soient dorés. Démoulez et laissez tiédir avant de servir.

VÉGÉTARIEN

GALETTES AUX LARDONS

POUR 4 PERSONNES

Préparation : 20 min
Cuisson : 15 min

100 g de lardons fumés
2 œufs
100 g de farine
1 c. à café de levure chimique
50 g de gruyère râpé
1 c. à café de thym
ou 1/2 c. à café de thym séché
2 c. à soupe de persil
6 c. à soupe de lait
huile de tournesol
sel et poivre

POUR SERVIR

4 œufs pochés
crème fraîche
thym

1 Dans une poêle à feu vif, faites rissoler les lardons 3 min à sec, puis laissez-les refroidir.

2 Dans un saladier, mélangez la farine, la levure, le fromage, le thym, le persil et les lardons, puis assaisonnez. Creusez un puits au centre et versez-y les œufs battus. Battez le tout à l'aide d'une cuillère en bois. Incorporez progressivement le lait jusqu'à obtenir une pâte assez épaisse.

3 Dans une poêle, faites chauffer un peu d'huile à feu moyen. Versez plusieurs fois 3 c. à soupe de pâte et faites cuire les galettes jusqu'à ce qu'elles commencent à se figer sur les bords. Retournez-les, puis prolongez la cuisson jusqu'à ce qu'elles soient dorées. Renouvelez l'opération avec le reste de pâte. Servez avec 1 œuf poché par personne, de la crème et parsemez de thym.

SAMOUSSAS AU MAÏS ET À LA FETA

POUR 12 SAMOUSSAS

Préparation : 45 min
Cuisson : 20 min

6 feuilles de pâte filo
3 c. à soupe d'huile de tournesol
2 c. à soupe de fécule de maïs

POUR LA GARNITURE

350 g de maïs en conserve
200 g de feta
1 gros oignon
2 c. à café de graines de cumin (facultatif)
2 c. à soupe d'huile de tournesol
le jus de 1 citron

1 Préparez la garniture. Émiettez la feta et hachez l'oignon. Faites sauter éventuellement le cumin 30 s dans une poêle avec l'huile, puis ajoutez l'oignon et laissez-le cuire jusqu'à ce qu'il soit translucide. Incorporez le maïs égoutté, la feta et le jus de citron. Laissez cuire 1 min.

2 Étalez 1 feuille de pâte filo. Coupez-la en deux dans la longueur et huilez les moitiés. Déposez 2 c. à soupe de garniture sur une extrémité de chaque bande, puis pliez la bande en formant un triangle. Répétez l'opération avec le reste des feuilles. Dans un bol, délayez la fécule avec un peu d'eau, puis badigeonnez-en l'extrémité des bandes de pâte pour fermer les triangles.

3 Préchauffez le four à 180 °C. Placez les samoussas sur une plaque de cuisson. Badigeonnez-les d'huile, puis enfournez pour 15 min.

VÉGÉTARIEN

CROQUE-MONSIEUR

POUR 1 PERSONNE

Préparation : 5 min
Cuisson : 5 min

2 tranches épaisses de pain de mie ou de pain de campagne à la mie serrée
2 tranches de jambon
25 g de gruyère râpé
4 c. à café de parmesan râpé
beurre

POUR SERVIR

salade verte

1 Préchauffez le gril du four à la température maximale. Beurrez le pain et faites un sandwich avec le jambon et le gruyère. Pressez-le bien.

2 Tartinez le dessus de beurre et saupoudrez de la moitié du parmesan, puis passez le sandwich sous le gril, jusqu'à ce que le pain soit doré et le fromage gratiné.

3 Retournez le sandwich et répétez l'opération sur l'autre face. Coupez-le en deux et dégustez chaud avec de la salade.

EXPRESS

BAGELS AU THON

POUR 4 PERSONNES

Préparation : 15 min
Cuisson : 5 min

4 bagels
200 g de thon au naturel en conserve
1 botte d'oignons nouveaux
2 tomates
1 c. à soupe de mayonnaise
le jus de 1 citron
1 poignée de gruyère râpé
sel et poivre

1 Préchauffez le gril du four à la température maximale. Coupez les bagels en deux, déposez-les sur une plaque de cuisson et faites-les griller des deux côtés.

2 Hachez grossièrement les oignons, puis détaillez les tomates en rondelles. Dans un saladier, mettez le thon, les oignons, la mayonnaise et le jus de citron, salez et poivrez. Mélangez.

3 Étalez la préparation sur la base des bagels, recouvrez d'une rondelle de tomate, parsemez de fromage râpé et passez au four 1 min, jusqu'à ce que le fromage soit fondu. Refermez les sandwichs et servez.

EXPRESS

SANDWICH CLUB VÉGÉTARIEN

POUR 1 PERSONNE

Préparation : 10 min

3 tranches de pain de mie
aux céréales
1 carotte
2 tomates
1 grosse poignée de salade verte
1 citron
1 c. à soupe d'huile d'olive
2 c. à soupe de houmous

1 Râpez la carotte et coupez les tomates en rondelles épaisses. Faites griller le pain. Dans un saladier, mélangez la carotte, la salade, un peu de jus de citron et l'huile.

2 Étalez le houmous sur les tranches de pain grillé. Garnissez de salade à la carotte, puis ajoutez quelques rondelles de tomate. Couvrez d'une deuxième tranche de pain et garnissez-la comme la première. Ajoutez la dernière tranche, puis appuyez délicatement sur le sandwich. Dégustez-le entier ou coupé en quatre.

EXPRESS

VÉGÉTARIEN

SOUPE À LA TOMATE ET À LA CAROTTE

POUR 4 PERSONNES

Préparation : 10 min
Cuisson : 20 min

800 g de tomates
1 carotte
1 oignon
2 gousses d'ail
1 c. à soupe d'huile d'olive
2 brins de thym
75 cl de bouillon de légumes
1 c. à soupe de purée de tomate
10 cl de crème fraîche

1 Hachez grossièrement l'oignon, écrasez l'ail et coupez la carotte en dés.

2 Faites revenir le tout 5 min avec l'huile dans une casserole. Effeuillez le thym et ajoutez-le avec le bouillon, les tomates et la purée de tomate, puis laissez mijoter 15 min.

3 Mixez jusqu'à obtenir une soupe épaisse, puis incorporez la crème et servez.

VÉGÉTARIEN

VELOUTÉ DE BROCOLIS AU CHÈVRE

POUR 4 PERSONNES

Préparation : 10 min
Cuisson : 20 min

900 g de brocolis
1 gros oignon
50 g de beurre
1/4 de c. à café de muscade
1 l de bouillon de légumes
60 cl de lait entier
sel et poivre

POUR SERVIR

100 g de fromage de chèvre demi-sec avec la croûte
croûtons

1 Faites fondre le beurre dans une grande casserole. Émincez l'oignon, puis ajoutez-le. Séparez les bouquets et les tiges des brocolis. Faites revenir les tiges avec la muscade 5 min, jusqu'à ce qu'elles soient tendres. Ajoutez les bouquets, puis le bouillon et le lait. Couvrez et laissez mijoter à feu doux 8 min, jusqu'à ce que les brocolis soient cuits.

2 Retirez 4 louches de brocolis et mixez le reste en purée à l'aide d'un mixeur plongeant. Ajoutez les brocolis en morceaux et rectifiez l'assaisonnement.

3 Réchauffez la soupe si nécessaire. Parsemez-la de fromage de chèvre émietté et de croûtons.

VÉGÉTARIEN

VELOUTÉ DE COURGE

POUR 4 PERSONNES

Préparation : 10 min
Cuisson : 25 min

1 kg de courge
1 gros oignon
2 c. à soupe d'huile d'olive
60 cl de bouillon de légumes

POUR SERVIR

croûtons
persil

1 Émincez l'oignon. Coupez la courge en morceaux. Mettez l'huile à chauffer dans une sauteuse et faites revenir l'oignon 5 min. Ajoutez la courge et faites revenir 1 ou 2 min. Versez le bouillon, couvrez et laissez mijoter 20 min, jusqu'à ce que la courge soit tendre lorsque vous la piquez avec un couteau.

2 Mixez jusqu'à obtenir un velouté. Au moment de servir, réchauffez-le jusqu'à ce qu'il frémisse, puis servez-le garni de croûtons et d'un brin de persil.

LIGHT

VÉGÉTARIEN

SOUPE DE POIREAUX AU LARD FUMÉ

POUR 4 À 6 PERSONNES

Préparation : 10 min
Cuisson : 30 min

400 g de poireaux
7 fines tranches de lard fumé
3 pommes de terre
1 oignon
25 g de beurre
1,5 l de bouillon de légumes
15 cl de crème liquide ou de lait
sel et poivre

1 Coupez 3 tranches de lard en morceaux, émincez l'oignon et les poireaux, coupez les pommes de terre en dés. Faites revenir les morceaux de lard avec l'oignon dans une grande casserole avec le beurre jusqu'à ce qu'ils dorent. Ajoutez les légumes, couvrez et baissez le feu. Laissez mijoter 5 min à feu doux en remuant de temps en temps.

2 Pendant ce temps, faites revenir le lard restant dans une poêle jusqu'à ce qu'il soit croustillant.

3 Arrosez les légumes de bouillon, assaisonnez et portez à ébullition. Couvrez et laissez mijoter 20 min. Mixez jusqu'à obtenir une soupe lisse, puis incorporez la crème et rectifiez l'assaisonnement. Parsemez de lard croustillant et servez chaud.

VELOUTÉ DE CHOU-FLEUR

POUR 4 PERSONNES

Préparation : 10 min
Cuisson : 20 min

1 chou-fleur
1 gros oignon
2 gousses d'ail
20 g de beurre
75 cl de lait entier
50 g de parmesan râpé
sel et poivre

POUR SERVIR

ciboulette

1 Hachez grossièrement l'oignon et pilez l'ail. Dans une grande casserole, faites-les revenir à feu doux avec le beurre jusqu'à ce qu'ils soient tendres. Séparez les bouquets du chou-fleur, ajoutez-les et faites revenir 1 min. Versez le lait et portez à petite ébullition. Laissez mijoter 15 min.

2 Mixez jusqu'à obtenir un velouté. Parsemez de parmesan, salez et poivrez. Servez dans des bols, en décorant de ciboulette.

LIGHT

VÉGÉTARIEN

CONSOMMÉ DE POULET AUX LENTILLES

POUR 4 PERSONNES

Préparation : 15 min
Cuisson : 15 min

250 g de blancs de poulet
400 g de lentilles vertes en conserve
250 g de pommes de terre
4 oignons nouveaux
140 g de maïs en conserve
85 cl de bouillon de volaille
30 cl de lait
sel et poivre

POUR SERVIR

ciboulette

1 Émincez les oignons et mettez-les dans une grande casserole avec 10 cl de bouillon. Assaisonnez, puis faites cuire 2 ou 3 min à couvert. Coupez les pommes de terre en dés. Ajoutez-les dans la casserole avec le reste du bouillon et le lait. Portez à ébullition, puis laissez mijoter 10 min à demi-couvert.

2 Mixez le quart de la préparation dans le bol d'un robot jusqu'à obtenir une soupe lisse et reversez-la dans la casserole.

3 Coupez le poulet en petits morceaux. Égouttez et rincez les lentilles et le maïs. Ajoutez le tout dans la casserole, puis laissez cuire 5 à 7 min. Rectifiez l'assaisonnement. Répartissez la soupe dans des bols. Ciselez la ciboulette au-dessus et servez.

SOUPE DE PÂTES AU POIREAU

POUR 4 PERSONNES

Préparation : 5 min
Cuisson : 20 min

200 g de fusilli
4 poireaux
8 tranches de lard fumé
2 brins de romarin
1,5 l de bouillon de volaille
sel et poivre

1 Coupez les poireaux en rondelles épaisses. Hachez le lard. Mettez une cocotte à chauffer, puis faites frire le tout à feu moyen 5 min.

2 Hachez le romarin. Ajoutez-le dans la cocotte, versez le bouillon, salez et poivrez. Portez à ébullition et laissez mijoter 5 min.

3 Ajoutez les fusilli et prolongez la cuisson de 10 min.

EXPRESS

SALADE DE CONCOMBRE

POUR 4 PERSONNES

Préparation : 15 min
Réfrigération : 12 h

1 concombre
2 c. à soupe de ciboulette et de persil
le jus de 1/2 citron
huile d'olive
sel et poivre

POUR LA SAUCE

300 g de fromage blanc
1 échalote
1 gousse d'ail
3 c. à soupe de ciboulette et de persil
1 c. à café de vinaigre
sel et poivre

1 La veille, préparez la sauce. Hachez l'échalote, écrasez l'ail, puis mettez-les dans un saladier avec le fromage blanc, les fines herbes et le vinaigre. Mélangez à l'aide d'un fouet et assaisonnez généreusement. Répartissez dans des bols et réservez au réfrigérateur.

2 Le lendemain, épluchez le concombre une bande sur deux, puis coupez-le en fines tranches. Mettez-les dans un saladier avec les fines herbes, du sel et du poivre. Versez le jus de citron et mélangez.

3 Répartissez le concombre dans des assiettes. Arrosez d'huile et servez avec le fromage aux fines herbes.

VÉGÉTARIEN

SALADE GRECQUE

POUR 4 PERSONNES

Préparation : 20 min
Marinade : 2 h

4 tomates mûres
1 concombre
200 g de feta
2 poignées d'olives noires dénoyautées
1 oignon
1 c. à café d'origan séché
8 c. à soupe d'huile d'olive
2 c. à soupe de vinaigre
sel et poivre

1 Coupez l'oignon en tranches, déposez-les dans un bol et parsemez d'origan. Ajoutez l'huile et le vinaigre, mélangez, filmez et laissez mariner 2 h.

2 Coupez les tomates en gros morceaux. Coupez le concombre en quatre dans la longueur, puis en tranches épaisses. Déposez le tout dans un saladier. Ajoutez l'oignon et les olives, salez et poivrez.

3 Émiettez grossièrement la feta sur la salade. Mélangez délicatement et servez.

VÉGÉTARIEN

SALADE D'ENDIVES AU BRIE TIÈDE

POUR 2 PERSONNES

Préparation : 15 min
Cuisson : 10 min

2 endives
100 g de brie
6 tranches de lard
1 petit bouquet de ciboulette

POUR LA SAUCE

1 c. à soupe de vinaigre de cidre
3 c. à soupe d'huile d'olive

1 Préparez la sauce en mélangeant les ingrédients dans un bol avec un fouet.

2 Faites griller les tranches de lard à la poêle. Quand elles sont bien croustillantes, coupez-les en morceaux. Dans un saladier, mélangez les feuilles d'endive et le lard à la sauce et déposez la salade sur des assiettes supportant la chaleur.

3 Coupez le brie en tranches, déposez-les dessus, puis passez au gril du four jusqu'à ce que le fromage ait fondu. Parsemez de ciboulette avant de servir.

EXPRESS

SALADE DE POIS CHICHES À LA TOMATE

POUR 2 PERSONNES

Préparation : 10 min
Cuisson : 7 min

400 g de pois chiches en conserve
100 g de tomates cerises
1 poivron rouge
1 piment rouge
4 oignons nouveaux
100 g de salade verte
40 g de feta
1/2 c. à soupe d'huile d'olive

POUR LA SAUCE

1/2 c. à soupe d'huile d'olive
le jus de 1/2 citron
1/2 c. à café de paprika fumé
sel et poivre

1 Égouttez et rincez les pois chiches. Coupez les tomates en deux. Épépinez le poivron et le piment, puis émincez-les avec les oignons.

2 Préparez la sauce en mélangeant les ingrédients au fouet dans un bol. Salez et poivrez.

3 Dans une poêle antiadhésive, faites revenir le poivron 5 min à feu vif avec l'huile. Ajoutez le piment, les oignons et les tomates. Faites sauter 1 min. Ajoutez les pois chiches et prolongez la cuisson de 1 min, puis mélangez la sauce à la salade. Dressez les feuilles de salade dans des bols avec la salade de pois chiches. Émiettez la feta, puis servez.

EXPRESS

VÉGÉTARIEN

SALADE DE LENTILLES À LA MOZZARELLA

POUR 4 PERSONNES

Préparation : 10 min
Cuisson : 20 min

225 g de lentilles vertes
2 grosses boules de mozzarella
150 g de poivrons rouges
4 poignées de salade verte
1 oignon
le jus de 2 citrons
1 bouquet de basilic
huile d'olive
sel et poivre

1 Faites cuire les lentilles 20 min à l'eau bouillante.

2 Pendant ce temps, coupez l'oignon en fines tranches et faites-les tremper 5 min dans un bol avec la moitié du jus de citron. Coupez la mozzarella en cubes et les poivrons en morceaux.

3 Égouttez les lentilles et les oignons, puis placez-les dans un saladier avec le reste du jus de citron et les poivrons. Ajoutez la mozzarella et le basilic, salez, poivrez et arrosez d'huile. Déposez les feuilles de salade sur des assiettes et répartissez la salade de lentilles dessus.

VÉGÉTARIEN

TABOULÉ EXPRESS

POUR 2 PERSONNES

Préparation : 15 min
Cuisson : 2 min

100 g de semoule de couscous
1 poivron rouge
2 oignons nouveaux
1/2 concombre
50 g de feta
20 cl de bouillon de légumes
1 c. à soupe d'huile d'olive

POUR SERVIR

1 c. à soupe de pignons de pin (facultatif)

1 Dans une casserole, portez le bouillon à ébullition. Versez la semoule dans un saladier, puis arrosez-la du bouillon. Couvrez et laissez gonfler 10 min, jusqu'à ce que tout le bouillon soit absorbé.

2 Pendant ce temps, tranchez le poivron et les oignons, puis détaillez le concombre en dés. Ajoutez le tout dans le saladier avec l'huile et mélangez délicatement à la fourchette. Coupez la feta en dés, puis incorporez-les.

3 Au moment de servir, parsemez éventuellement le taboulé de pignons de pin grillés.

EXPRESS

VÉGÉTARIEN

SALADE DE PAIN AU THON

POUR 2 PERSONNES

Préparation : 15 min

3 tranches de pain sec
200 g de thon au naturel en conserve
4 ou 5 tomates
1/2 concombre
2 c. à café de câpres
1 poignée de basilic
4 c. à soupe d'huile d'olive
2 c. à soupe de vinaigre
sel et poivre

1 Trempez brièvement le pain dans de l'eau froide, essorez-le bien, puis coupez-le en morceaux dans un saladier.

2 Épépinez les tomates, puis coupez-les en gros morceaux. Détaillez le concombre en petits morceaux. Mélangez le tout avec le pain. Ajoutez l'huile, le vinaigre, du sel, du poivre et mélangez de nouveau.

3 Égouttez le thon et les câpres, puis répartissez-les sur la salade. Parsemez de basilic et servez frais.

EXPRESS

VOLAILLE ET VIANDE

POULET À LA TOMATE EXPRESS

POUR 4 PERSONNES

Préparation : 10 min
Cuisson : 20 min

4 blancs de poulet
400 g de tomates concassées en conserve
200 g de champignons de Paris
8 fines tranches de bacon
1 bouquet de persil
1 c. à soupe de farine
1 cube de bouillon de bœuf

POUR SERVIR
riz blanc

1 Coupez le bacon et le poulet en morceaux. Ciselez le persil.

2 Dans une casserole, faites rissoler le bacon 2 min à feu doux, puis le poulet 3 ou 4 min et les champignons à feu vif quelques minutes. Saupoudrez de farine et remuez jusqu'à ce que la sauce épaississe.

3 Incorporez les tomates avec leur jus, émiettez le cube de bouillon au-dessus de la préparation et mélangez. Laissez mijoter 10 min, puis ajoutez le persil. Servez avec du riz.

EXPRESS

POULET AU POIVRON ROUGE

POUR 4 PERSONNES

Préparation : 10 min
Cuisson : 25 min

4 blancs de poulet
1 petit poivron rouge
2 gousses d'ail
1 grosse poignée de persil
2 c. à soupe d'huile d'olive
sel et poivre

POUR SERVIR

pâtes

1 Préchauffez le four à 200 °C. Déposez les blancs de poulet dans un plat à gratin. Salez et poivrez.

2 Mixez grossièrement le poivron, l'ail et le persil. Ajoutez l'huile, salez et poivrez généreusement. Répartissez le mélange sur le poulet.

3 Versez 2 c. à soupe d'eau dans le fond du plat et faites rôtir les blancs de poulet au four 25 min. Servez avec des pâtes.

RECETTE WAHOU !

LIGHT

POULET PANÉ AU PARMESAN

POUR 4 PERSONNES

Préparation : 15 min
Cuisson : 10 min

4 blancs de poulet
50 g de parmesan râpé
4 crackers
1 œuf
le jus de 1 citron
2 c. à soupe d'huile de tournesol
4 c. à soupe de crème fraîche
4 c. à café de sauce piquante
sel et poivre

POUR SERVIR

pommes de terre nouvelles

1 Détaillez chaque blanc de poulet en deux filets. Arrosez-les de jus de citron, salez et poivrez. Mettez les crackers dans un sac en plastique et réduisez-les en miettes. Mélangez-les avec le parmesan dans une assiette. Battez l'œuf.

2 Trempez les filets de poulet dans l'œuf battu, puis dans la panure, en appuyant bien. Dans une grande poêle, faites frire le poulet avec l'huile 4 ou 5 min de chaque côté, jusqu'à ce qu'il soit doré et croustillant.

3 Déposez le poulet pané sur des assiettes, déposez un peu de crème sur chacune et arrosez-la de sauce piquante. Servez avec des pommes de terre nouvelles.

EXPRESS

HACHIS PARMENTIER AU POULET

POUR 4 PERSONNES

Préparation : 20 min
Cuisson : 40 min

500 g de blancs de poulet
800 g de pommes de terre farineuses
4 poireaux
2 c. à café de fécule de maïs
1 c. à soupe d'huile d'olive
le zeste de 1 citron
2 c. à soupe de persil
2 c. à soupe de crème fraîche
1 c. à soupe de moutarde
sel et poivre

1 Préchauffez le gril du four. Coupez les pommes de terre en dés. Faites-les cuire à l'eau bouillante 15 min. Égouttez en réservant 20 cl d'eau de cuisson. Salez, poivrez, puis écrasez-les à l'aide d'un presse-purée.

2 Détaillez le poulet en dés et roulez-les dans la fécule. Coupez les poireaux en rondelles. Faites revenir les poireaux 3 min avec l'huile dans une casserole. Ajoutez le poulet et l'eau de cuisson réservée. Portez à ébullition, sans cesser de remuer, et laissez mijoter 10 min.

3 Hors du feu, ajoutez le zeste de citron, le persil haché, la crème et la moutarde dans la casserole. Répartissez le hachis dans des ramequins allant au four. Couvrez de purée et passez 5 min sous le gril. Servez chaud.

CÔTES DE PORC À LA SEMOULE

POUR 2 PERSONNES

Préparation : 15 min
Cuisson : 15 min

2 côtes de porc
150 g de yaourt nature
1 gousse d'ail
1 c. à café de gingembre en poudre
1 c. à café de cumin en poudre
le zeste et le jus de 1 citron
sel et poivre

POUR SERVIR

150 g de semoule de couscous
20 cl de bouillon de volaille
1 bouquet de coriandre

1 Pilez l'ail et mélangez-le dans un saladier avec le yaourt, les épices, la moitié du jus de citron et le zeste. Salez et poivrez. Ajoutez les côtes de porc et laissez-les macérer 10 min.

2 Pendant ce temps, mettez la semoule dans un autre saladier et mouillez avec le bouillon chaud. Couvrez et laissez gonfler 5 min. Égrainez le couscous à la fourchette. Ciselez la coriandre, puis ajoutez-la avec le reste du jus de citron.

3 Dans une poêle chaude, faites griller les côtes de porc 5 min de chaque côté, puis laissez-les cuire jusqu'à ce qu'elles soient à point. Servez avec la semoule.

CÔTES DE PORC AU FENOUIL

POUR 4 PERSONNES

Préparation : 15 min
Cuisson : 50 min

4 côtes de porc
1 fenouil
1 poivron rouge
2 pommes de terre
4 gousses d'ail
4 brins de thym
30 cl de bouillon de volaille
1 c. à soupe de purée de tomate
sel et poivre

1 Préchauffez le four à 200 °C. Détaillez les légumes en gros morceaux.

2 Dans un grand plat allant au four, déposez les légumes, les gousses d'ail et le thym. Réchauffez le bouillon dans une casserole, puis délayez la purée de tomate dedans. Versez le bouillon dans le plat. Couvrez d'une feuille d'aluminium, puis enfournez pour 30 min.

3 Sortez le plat du four et augmentez la température à 220 °C. Retirez la feuille, puis ajoutez les côtes de porc dans le plat et assaisonnez. Enfournez pour 20 min. Nappez du jus de cuisson et servez.

BROCHETTES DE PORC ET DE PÊCHES

POUR 4 PERSONNES

Préparation : 20 min
Cuisson : 12 min

500 g de filet de porc
2 pêches
salade verte
1 citron
2 c. à soupe de miel
2 c. à soupe d'huile d'olive
1 c. à café de moutarde
sel et poivre

1 Faites tremper 8 piques en bois 20 à 30 min dans de l'eau froide. Coupez le porc en gros cubes et les pêches en morceaux. Râpez le zeste de la moitié du citron, puis pressez le fruit.

2 Réservez 1 c. à soupe de jus de citron, puis mélangez le reste avec le zeste et le miel. Enfilez les morceaux de porc et de pêche sur les piques en les alternant. Badigeonnez les brochettes du mélange au miel, puis faites-les cuire 10 à 12 min au barbecue ou sur un gril en fonte, en les retournant régulièrement.

3 Pendant ce temps, mélangez le jus de citron réservé avec l'huile, la moutarde, du sel et du poivre. Versez sur la salade et servez avec les brochettes.

SAUCISSES GRILLÉES À LA TOMATE

POUR 2 PERSONNES

Préparation : 5 min
Cuisson : 20 min

6 chipolatas
ou 6 saucisses aux herbes
400 g de tomates concassées
en conserve
1/2 oignon
sel et poivre

POUR SERVIR

purée de patates douces
ou de pommes de terre

1 Préchauffez le gril du four. Coupez l'oignon en rondelles et déposez-les avec les chipolatas dans un plat peu profond allant au four. Passez-les 10 min sous le gril, en retournant les saucisses régulièrement.

2 Ajoutez les tomates dans le plat. Salez, poivrez et mélangez. Remettez 10 min sous le gril, jusqu'à ce que les tomates commencent à noircir sur les côtés.

3 Servez les saucisses avec une purée de patates douces ou de pommes de terre.

EXPRESS

SPAGHETTIS EXPRESS À LA CARBONARA

POUR 4 PERSONNES

Préparation : 10 min
Cuisson : 15 min

350 g de spaghettis
140 g de dés de pancetta ou de lard fumé
1 œuf + 4 jaunes
1 gousse d'ail
1/2 c. à soupe d'huile d'olive
50 g de parmesan râpé
sel et poivre

1 Faites cuire les spaghettis à l'eau bouillante salée.

2 Pendant ce temps, versez l'huile dans une poêle et faites revenir les dés de pancetta jusqu'à ce qu'ils soient croustillants. Écrasez l'ail, ajoutez-le, puis arrêtez le feu.

3 Dans un bol, déposez l'œuf entier, les jaunes et les trois quarts du parmesan. Assaisonnez et battez le tout à l'aide d'un fouet. Égouttez les pâtes en réservant 1 c. à soupe de l'eau de cuisson, puis transférez-les dans un plat. Incorporez les œufs battus et l'eau de cuisson réservée. Ajoutez la pancetta à l'ail, parsemez du reste de parmesan, puis servez.

EXPRESS

PENNE AUX SAUCISSES ET À LA TOMATE

POUR 4 PERSONNES

Préparation : 10 min
Cuisson : 12 min

400 g de penne
450 g de saucisses
500 g de tomates cerises
250 g de champignons de Paris
1 c. à soupe d'huile d'olive
2 brins de romarin
1 poignée de persil

1 Faites cuire les penne à l'eau bouillante salée.

2 Pendant ce temps, coupez les saucisses en gros morceaux et les champignons en deux. Dans une grande poêle, mettez l'huile à chauffer. Faites-y revenir les saucisses et les champignons 5 min. Ajoutez les tomates et laissez-les cuire jusqu'à ce qu'elles éclatent. Hachez le romarin et le persil.

3 Égouttez les pâtes et mélangez-les aux saucisses. Ajoutez le romarin et le persil, mélangez, puis servez.

EXPRESS

BOULETTES DE DINDE AUX FINES HERBES

POUR 5 PERSONNES

Préparation : 25 min
Cuisson : 15 min

350 g de dinde
1 petit bouquet de persil
500 g de pâtes
680 g de purée de tomate à l'ail et à l'oignon
85 g de chapelure
5 c. à soupe de lait
2 c. à café d'origan séché
1 c. à soupe d'huile d'olive
1 c. à soupe de sucre
sel et poivre

1 Hachez la dinde, puis le persil à l'aide d'un robot. Dans un grand saladier, délayez la chapelure avec le lait. Ajoutez la viande hachée, la moitié du persil et de l'origan. Assaisonnez, puis mélangez à la fourchette. Façonnez 30 boulettes avec les mains mouillées.

2 Faites cuire les pâtes à l'eau bouillante salée.

3 Pendant ce temps, faites chauffer l'huile dans une grande poêle antiadhésive et faites-y colorer les boulettes 5 min, en les retournant régulièrement. Ajoutez la purée de tomate, le sucre, le reste de l'origan et les trois quarts du persil restant. Mélangez, puis laissez mijoter 10 min. Égouttez les pâtes et transférez-les dans un plat. Assaisonnez les boulettes, puis répartissez-les sur les pâtes. Parsemez du reste de persil et servez.

GRATIN DE PÂTES AUX CHAMPIGNONS

POUR 5 PERSONNES

Préparation : 20 min
Cuisson : 25 min

500 g de pâtes
200 g de champignons de Paris
1 botte d'oignons nouveaux
140 g de jambon
140 g de gruyère râpé
50 g de beurre
50 g de farine
50 cl de lait
sel et poivre

1 Préchauffez le four à 200 °C. Faites cuire les pâtes à l'eau bouillante salée. Égouttez-les.

2 Pendant ce temps, émincez les oignons et les champignons. Hachez le jambon. Faites revenir les champignons 2 min dans une grande casserole avec un peu de beurre. Réservez. Faites revenir les trois quarts des oignons 1 min avec le reste de beurre. Incorporez la farine, prolongez la cuisson de 1 min et versez le lait en remuant. Augmentez le feu, portez à ébullition et laissez bouillonner jusqu'à ce que la sauce épaississe. Incorporez le jambon, les trois quarts du fromage et assaisonnez.

3 Dans un plat à gratin, déposez les champignons et les pâtes, puis mélangez. Parsemez du reste des oignons et du fromage, et enfournez pour 10 min.

GRATIN DE RIGATONI AUX SAUCISSES

POUR 6 PERSONNES

Préparation : 20 min
Cuisson : 1 h 05

500 g de rigatoni
400 g de chair à saucisse
1 grosse carotte
200 g d'épinards
140 g de gruyère râpé
1 oignon
1 c. à soupe d'huile d'olive
15 cl de vin rouge
30 cl de bouillon de légumes
3 c. à soupe de purée de tomate
sel et poivre

POUR LA BÉCHAMEL

50 g de beurre
50 g de farine
60 cl de lait
1 pincée de muscade
sel et poivre

1 Préchauffez le four à 190 °C. Hachez l'oignon et faites-le revenir quelques minutes dans une casserole avec l'huile. Ajoutez la chair à saucisse et faites-la frire 15 min. Râpez la carotte, puis incorporez-la avec le vin, le bouillon et la purée de tomate. Assaisonnez, portez à ébullition et laissez mijoter 15 min à découvert.

2 Pendant ce temps, préparez la béchamel. Dans une casserole, faites fondre le beurre à feu doux. Ajoutez la farine et mélangez. Versez le lait et laissez cuire en fouettant constamment jusqu'à obtenir une sauce lisse. Assaisonnez.

3 Faites cuire les pâtes 10 à 12 min à l'eau bouillante salée. Arrêtez le feu et plongez les épinards dans l'eau des pâtes quelques minutes, puis égouttez le tout. Transvasez la moitié des pâtes et des épinards dans un plat profond allant au four. Répartissez dessus la chair à saucisse, puis couvrez du reste de pâtes et d'épinards. Nappez de béchamel, parsemez de fromage râpé, puis enfournez pour 25 min.

RISOTTO AUX POIREAUX ET BACON

POUR 4 PERSONNES

Préparation : 10 min
Cuisson : 15 min

350 g de riz pour risotto
8 blancs de poireaux
8 fines tranches de bacon
80 cl de bouillon de légumes
4 c. à soupe d'huile d'olive
40 cl de vin blanc sec
150 g de parmesan râpé
poivre

1 Réchauffez le bouillon. Émincez les poireaux et faites-les revenir 2 min dans une casserole avec l'huile, jusqu'à ce qu'ils soient fondants. Ajoutez le riz et prolongez la cuisson de 1 min, en remuant bien. Versez le vin et le bouillon dans la casserole, portez à ébullition, couvrez, puis laissez mijoter 10 à 12 min, jusqu'à ce que le riz soit cuit.

2 Pendant ce temps, faites griller le bacon jusqu'à ce qu'il soit croustillant.

3 Hors du feu, poivrez, puis ajoutez un peu de parmesan. Mélangez, parsemez du reste de parmesan et servez avec le bacon grillé.

EXPRESS

RIZ AUX CHAMPIGNONS ET LARDONS

POUR 2 PERSONNES

Préparation : 10 min
Cuisson : 30 min

140 g de riz long
1 poignée de champignons de Paris
50 g de lardons
1 petit oignon
1 gousse d'ail
1 c. à soupe d'huile de tournesol
30 cl de bouillon de volaille
1 poignée de fromage râpé
sel et poivre

1 Réchauffez le bouillon. Émincez l'oignon, l'ail et les champignons. Dans une grande casserole, faites rissoler les lardons quelques minutes à feu moyen. Ajoutez les champignons et faites revenir le tout 3 ou 4 min à feu vif. Réservez.

2 Versez l'huile dans la casserole et faites-y dorer l'oignon 5 min et l'ail 1 min. Ajoutez le riz, le bouillon et portez à ébullition. Laissez mijoter 10 min à feu doux, jusqu'à ce que le riz soit cuit et qu'il ait absorbé tout le liquide.

3 Hors du feu, égrainez le riz, couvrez et laissez reposer 5 min. Salez, poivrez, puis incorporez la majeure partie du fromage râpé. Répartissez le riz dans les bols, ajoutez les champignons et lardons, parsemez du reste de fromage et servez.

BŒUF AUX HARICOTS BLANCS

POUR 6 PERSONNES

Préparation : 20 min
Cuisson : 40 min

550 g de viande hachée
600 g de haricots blancs en conserve
1 kg de pommes de terre
350 g de carottes
2 oignons
1 poignée de persil
1 cube de bouillon de bœuf
sauce piquante
sel et poivre

1 Coupez les oignons, les pommes de terre et les carottes en gros morceaux. Ciselez le persil.

2 Faites cuire la viande hachée dans une grande sauteuse à feu moyen en remuant. Émiettez le cube de bouillon, incorporez les oignons, les pommes de terre et les carottes, puis couvrez d'eau bouillante. Portez à ébullition, mélangez et laissez mijoter à feu doux et à couvert 30 min, jusqu'à ce que les légumes soient tendres.

3 Ajoutez les haricots blancs, arrosez de quelques gouttes de sauce piquante, mélangez, puis laissez sur le feu jusqu'à ce que tous les ingrédients soient chauds. Salez et poivrez, parsemez de persil et servez.

CHEESEBURGERS

POUR 6 PERSONNES

Préparation : 20 min
Cuisson : 15 min

6 pains pour burgers
500 g de steak haché
1/2 bouquet de persil
1 œuf
150 g de chapelure
70 g de gruyère râpé
sauce piquante
salade verte
tranches de tomates
rondelles d'oignon
sel et poivre

POUR SERVIR

frites
ketchup

1 Ciselez le persil. Émiettez la viande hachée dans un grand saladier, puis ajoutez la chapelure, le fromage râpé, quelques gouttes de sauce piquante, le persil et l'œuf battu. Salez et poivrez. Mélangez avec les mains jusqu'à ce que l'ensemble soit homogène, puis façonnez 12 galettes. Réservez au réfrigérateur.

2 Préchauffez le gril du four à la puissance maximale. Faites cuire les steaks 6 à 8 min de chaque côté.

3 Pendant ce temps, faites réchauffer les petits pains au grille-pain. Garnissez-les de viande, de salade, de tomate et d'oignon, puis servez avec des frites et du ketchup.

POISSON ET FRUITS DE MER

CROQUETTES DE MAQUEREAU

POUR 4 PERSONNES

Préparation : 30 min
Cuisson : 12 min

250 g de filets de maquereau au poivre
300 g de purée de pommes de terre froide
6 oignons nouveaux
1 œuf
1 c. à soupe de sauce au raifort (facultatif)
2 c. à soupe de farine
85 g de chapelure
huile de tournesol (facultatif)

POUR SERVIR

salade verte
quartiers de citron

1 Émincez les oignons. Retirez la peau du poisson, puis émiettez la chair. Dans un saladier, mélangez la purée de pommes de terre avec les oignons, le maquereau, éventuellement la sauce au raifort, puis formez 8 galettes.

2 Passez les galettes dans la farine, puis dans l'œuf battu et enfin dans la chapelure. Filmez et réservez au réfrigérateur.

3 Faites dorer les croquettes de poisson sous le gril du four 5 ou 6 min de chaque côté. Servez-les avec de la salade et des quartiers de citron.

POMME DE TERRE À LA TRUITE

POUR 1 PERSONNE

Préparation : 10 min
Cuisson : 1 h 10

1 très grosse pomme de terre
1 filet de truite fumée
50 g de fromage frais
1/2 citron
1 c. à café bombée de câpres
huile de tournesol
sel et poivre

1 Préchauffez le four à 220 °C. Badigeonnez la pomme de terre d'un peu d'huile, assaisonnez-la, puis déposez-la sur une plaque de cuisson. Enfournez pour 25 min. Baissez la température du four à 190 °C et prolongez la cuisson de 45 min.

2 Dans un bol, mélangez le fromage frais, un peu de zeste râpé et de jus de citron. Salez et poivrez.

3 Incisez la pomme de terre en croix, puis pressez-la à la base pour faire ressortir la chair par le haut. Garnissez le dessus avec le fromage frais au citron et émiettez la truite par-dessus. Parsemez de câpres, puis arrosez de jus de citron et dégustez aussitôt.

POISSON AU THYM ET À LA TOMATE

POUR 4 PERSONNES

Préparation : 10 min
Cuisson : 20 min

4 filets de poisson blanc
400 g de tomates concassées en conserve
1 oignon
1 c. à soupe d'huile d'olive
1 c. à café bombée de sucre blond
1 c. à soupe de sauce soja
thym

POUR SERVIR

pommes de terre vapeur ou rôties

1 Hachez l'oignon. Faites-le dorer avec l'huile dans une poêle 5 à 8 min. Incorporez les tomates, le sucre, la sauce soja et du thym, puis portez à ébullition.

2 Laissez frémir 5 min, puis faites glisser délicatement le poisson dans la sauce. Couvrez et laissez mijoter à feu doux jusqu'à ce que la chair du poisson se détache facilement.

3 Servez avec des pommes de terre vapeur ou rôties.

LIGHT

POISSON ET SAUCE AU CHORIZO

POUR 2 PERSONNES

Préparation : 15 min
Cuisson : 20 min

2 filets de poisson blanc
4 tranches de chorizo
400 g de tomates concassées en conserve
1 gousse d'ail
2 c. à soupe d'huile d'olive
1 pincée de piment en poudre
sel et poivre

POUR SERVIR

haricots verts

1 Émincez l'ail et coupez le chorizo en bâtonnets. Faites revenir le tout dans une casserole quelques minutes avec 1 c. à soupe d'huile.

2 Ajoutez le piment, les tomates, un peu de sel et laissez mijoter 10 min.

3 Badigeonnez le poisson du reste d'huile, salez, poivrez, puis faites-le cuire à la vapeur 4 à 6 min. Servez le poisson dans des assiettes, avec des haricots verts et la sauce au chorizo.

RECETTE WAHOU !

BOUCHÉES DE POISSON GRATINÉES

POUR 4 PERSONNES

Préparation : 10 min
Cuisson : 10 min

4 filets de poisson blanc
4 fines tranches de jambon sec
50 g de gruyère râpé
2 oignons nouveaux
huile de tournesol
sel et poivre

1 Préchauffez le gril du four à la température maximale et huilez légèrement un plat peu profond allant au four et sur le feu. Déposez les filets de poisson dans le plat, en les espaçant un peu, et huilez-les avec un pinceau. Passez-les 2 min sous le gril.

2 Pendant ce temps, émincez les oignons.

3 Sortez le plat du four, retournez le poisson et recouvrez chaque filet de 1 tranche de jambon repliée. Répartissez le fromage râpé et l'oignon, salez et poivrez. Remettez 5 min sous le gril.

EXPRESS

POISSON PANÉ MAISON

POUR 4 PERSONNES

Préparation : 10 min
Cuisson : 20 min

250 g de filets de poisson blanc
le jus de 1/2 citron
1/2 c. à café d'herbes séchées (thym, estragon...)
50 g de polenta
50 g de chapelure
1 œuf
2 c. à soupe d'huile d'olive

POUR SERVIR

purée de pommes de terre et brocolis

1 Préchauffez le four à 200 °C. Coupez le poisson en 8 morceaux et versez le jus de citron dessus.

2 Mélangez les herbes, la polenta et la chapelure dans une assiette. Plongez un morceau de poisson dans l'œuf battu, puis retournez-le plusieurs fois dans le mélange de polenta et chapelure pour bien l'enrober. Répétez l'opération avec les autres morceaux, puis placez-les sur une plaque de cuisson recouverte de papier sulfurisé.

3 Arrosez le poisson d'huile et enfournez pour 15 min en le retournant à mi-cuisson. Accompagnez de purée de pommes de terre et de brocolis.

BÂTONNETS DE POISSON AU CURRY

POUR 4 PERSONNES

Préparation : 15 min
Cuisson : 7 min

4 filets de poisson blanc
1/2 citron
sel et poivre

POUR LA CHAPELURE

3 tranches de pain sec
1 c. à soupe de curry doux

1 Préchauffez le four à 200 °C. Râpez finement le zeste du citron.

2 Préparez la chapelure. Hachez le pain à l'aide d'un robot. Ajoutez le curry et mixez par impulsions jusqu'à ce que les miettes de pain soient imprégnées de curry.

3 Salez et poivrez les filets de poisson des deux côtés, puis déposez-les sur une plaque de cuisson. Parsemez de zeste de citron, puis enrobez-les soigneusement de chapelure au curry. Enfournez pour 7 min, jusqu'à ce que le poisson soit cuit et la panure dorée et croustillante.

EXPRESS

MAQUEREAUX GRILLÉS ET BOULGOUR

POUR 4 PERSONNES

Préparation : 30 min
Cuisson : 10 min

4 à 8 filets de maquereau selon leur taille
huile d'olive
sel et poivre

POUR LE BOULGOUR

200 g de boulgour
le zeste et le jus de 2 citrons
3 c. à soupe d'huile d'olive
1 poignée de roquette
1 bouquet de persil
1 bouquet de menthe
1/2 concombre

POUR SERVIR

quartiers de citron

1 Préparez le boulgour. Dans un saladier, versez le boulgour, couvrez d'eau bouillante et laissez tremper 20 min, jusqu'à ce qu'il soit tendre. Égouttez bien.

2 Dans un bol, mélangez le zeste et le jus de citron avec l'huile. Versez le mélange sur le boulgour. Ciselez la roquette, le persil et la menthe, épluchez et émincez le concombre. Ajoutez le tout au boulgour et mélangez. Salez et poivrez.

3 Préchauffez le gril du four. Badigeonnez la peau des filets de maquereau avec un peu d'huile, puis salez et poivrez les deux côtés. Passez 4 ou 5 min au four. Transvasez le boulgour aux herbes sur un grand plat, puis déposez les filets de maquereau dessus. Servez avec des quartiers de citron.

SARDINES ET SALADE AU FENOUIL

POUR 2 PERSONNES

Préparation : 20 min
Cuisson : 5 min

4 grosses sardines écaillées et vidées
1 fenouil
1 bouquet de persil
2 gousses d'ail
le zeste et le jus de 1 citron
1 poignée d'olives vertes dénoyautées
50 g de raisins secs
50 g de pignons de pin (facultatif)
3 c. à soupe d'huile d'olive
1 poignée de sel de mer

1 Ciselez le persil et émincez l'ail. Mélangez la moitié du persil ciselé, l'ail et le zeste de citron.

2 Coupez les olives en morceaux. Ôtez les pluches du fenouil. Tranchez finement le bulbe et mélangez-le avec les pluches, les olives, les raisins secs, éventuellement les pignons de pin grillés et le reste de persil. Arrosez d'huile et de jus de citron.

3 Faites chauffer un gril en fonte à feu moyen. Salez les sardines pour éviter qu'elles ne collent au gril. Faites-les cuire 2 ou 3 min de chaque côté, recouvrez-les du hachis d'ail et de persil, puis déposez-les sur des assiettes. Arrosez de l'huile restante et servez avec la salade de fenouil.

EXPRESS

TRUITE FUMÉE
SAUCE GREMOLATA

POUR 2 PERSONNES

Préparation : 10 min

2 filets de truite fumée (de 100 g chacun)
400 g de haricots blancs en conserve
1/2 oignon
1 gousse d'ail
1 poignée de persil
le zeste et le jus de 1/2 citron
3 c. à soupe d'huile d'olive
sel et poivre

1 Égouttez et rincez les haricots blancs à l'eau bouillante et mettez-les dans un saladier. Hachez l'oignon et ajoutez-le.

2 Hachez l'ail et ciselez le persil. Mélangez-les dans un bol avec le jus de citron et l'huile. Salez, poivrez et versez la moitié de cette sauce sur les haricots.

3 Répartissez les haricots sur des assiettes et déposez la truite et le zeste de citron sur le dessus. Servez avec le reste de sauce.

EXPRESS

GRATIN DE PÂTES THON ET BROCOLIS

POUR 4 PERSONNES

Préparation : 15 min
Cuisson : 25 min

300 g de pâtes (penne ou rigatoni)
200 g de thon au naturel en conserve
400 g de brocolis
300 g de soupe aux champignons en conserve
15 cl de lait
100 g de gruyère râpé
1 petit paquet de chips

1 Préchauffez le four à 200 °C. Faites cuire les pâtes 10 à 12 min à l'eau bouillante salée. Ajoutez les brocolis en bouquets 3 min avant la fin de la cuisson, puis égouttez le tout.

2 Déposez les pâtes et les brocolis dans un plat à gratin. Égouttez le thon et émiettez-le au-dessus. Versez la soupe additionnée de lait dans le plat et mélangez.

3 Recouvrez la préparation avec les deux tiers du fromage râpé. Répartissez les chips légèrement émiettées et parsemez du reste de fromage. Laissez gratiner 15 min, jusqu'à ce que la croûte soit dorée. Servez immédiatement.

BOULETTES DE THON À L'ITALIENNE

POUR 4 PERSONNES

Préparation : 25 min
Cuisson : 15 min

320 g de thon à l'huile en conserve
400 g de spaghettis
500 g de sauce tomate
1 citron
1 petite poignée de persil
1 œuf
1 petite poignée de pignons de pin (facultatif)
50 g de chapelure
sel et poivre

1 Égouttez le thon en réservant un peu d'huile. Râpez finement le zeste du citron, hachez grossièrement le persil, puis battez l'œuf. Émiettez le thon dans un saladier. Ajoutez le zeste de citron, le persil, l'œuf battu, les pignons de pin et la chapelure. Assaisonnez. Mélangez avec les mains, puis façonnez 12 boulettes de la taille d'une noix.

2 Faites cuire les spaghettis à l'eau bouillante salée.

3 Pendant ce temps, faites chauffer l'huile réservée du thon dans une grande poêle antiadhésive. Faites-y revenir les boulettes de thon 5 min, en les retournant régulièrement. Dans une casserole, réchauffez la sauce tomate. Égouttez les pâtes et transvasez-les dans un plat. Ajoutez la sauce et les boulettes, puis servez.

PENNE AU THON ET AU PIMENT

POUR 4 PERSONNES

Préparation : 15 min
Cuisson : 10 min

400 g de penne
400 g de thon à l'huile en conserve
1 piment rouge
2 gousses d'ail
4 c. à soupe de vinaigrette
poivre

POUR SERVIR

persil

1 Faites cuire les pâtes 8 à 10 min à l'eau bouillante salée.

2 Pendant ce temps, hachez finement le piment épépiné et l'ail. Égouttez le thon au-dessus d'une petite casserole. Versez la vinaigrette dans la casserole, puis réchauffez à feu doux en remuant. Ajoutez le piment et l'ail, mélangez, puis versez la sauce pimentée dans un grand saladier. Émiettez le thon en gros morceaux à la fourchette et mélangez-le à la sauce.

3 Égouttez les penne, puis mélangez-les avec la sauce. Hachez finement du persil et parsemez-en les pâtes. Poivrez et servez aussitôt.

EXPRESS

MOUCLADE FACILE

POUR 4 PERSONNES

Préparation : 25 min
Cuisson : 6 min

1 kg de moules
3 échalotes
12,5 cl de vin blanc sec
2 jaunes d'œufs
15 cl de crème liquide
1 c. à café de curry
1 citron
sel et poivre

1 Rincez les moules et jetez celles qui ne se ferment pas lorsqu'on les heurte sur le bord de l'évier. Émincez les échalotes. Dans une grande casserole, déposez les moules et les échalotes, versez le vin et portez à ébullition. Couvrez et laissez cuire 5 ou 6 min. Remuez de temps en temps, jusqu'à ce que les moules soient ouvertes (jetez celles qui restent fermées). Passez le tout au chinois en réservant le jus de cuisson.

2 Dans un bol, mélangez les jaunes d'œufs avec la crème et le curry. Transvasez le jus de cuisson dans une petite casserole et versez dessus, en battant au fouet à main, le mélange précédent. Faites chauffer sans atteindre l'ébullition. Assaisonnez et arrosez d'un filet de jus de citron. Répartissez les moules dans des assiettes creuses et versez la sauce dessus.

PLATS VÉGÉTARIENS

GALETTES DE SEMOULE À LA FETA

POUR 2 PERSONNES

Préparation : 20 min
Cuisson : 6 min

175 g de semoule de blé dur
85 g de feta
3 oignons nouveaux
50 g de tomates séchées (facultatif)
20 cl de bouillon de légumes
1 œuf
3 c. à soupe de yaourt nature
2 c. à soupe d'huile de tournesol
sel et poivre

POUR SERVIR

salade verte
ketchup

1 Coupez la feta en cubes de 1 cm. Émincez les oignons et éventuellement les tomates séchées.

2 Mettez la semoule dans un grand plat creux résistant à la chaleur, portez le bouillon à ébullition et versez-le sur la semoule. Filmez et laissez reposer 5 min, jusqu'à ce que tout le bouillon ait été absorbé Incorporez l'œuf battu à la semoule cuite, ajoutez le yaourt et mélangez. Salez et poivrez. Incorporez la feta, les tomates et les oignons, puis façonnez 4 galettes épaisses avec les mains.

3 Faites chauffer l'huile dans une poêle antiadhésive, puis faites-y cuire les galettes 3 min de chaque côté à feu moyen. Servez avec de la salade et du ketchup.

EXPRESS

VÉGÉTARIEN

BEIGNETS DE COURGETTE

POUR 4 PERSONNES

Préparation : 20 min
Cuisson : 20 min

3 courgettes
1/2 oignon
1 gros piment
125 g de farine à levure incorporée
2 œufs
huile d'olive
sel et poivre

POUR LA SALSA

125 g de tomates cerises
100 g de feta
1 poignée de menthe
le jus de 1/2 citron
sel et poivre

1 Râpez les courgettes. Hachez séparément l'oignon et le piment. Dans un saladier, mélangez le tout avec la farine et les œufs jusqu'à obtenir une pâte homogène. Salez et poivrez.

2 Dans une poêle antiadhésive, faites chauffer un peu d'huile, puis déposez des cuillerées à soupe bombées de pâte. Faites cuire 2 ou 3 min de chaque côté, jusqu'à ce que les beignets soient dorés. Recommencez jusqu'à épuisement de la pâte.

3 Préparez la salsa. Dans un saladier, mélangez les tomates cerises coupées en deux, la feta en dés, la menthe et le jus de citron, salez et poivrez. Servez les beignets avec la salsa.

VÉGÉTARIEN

GALETTES DE MAÏS AU FROMAGE

POUR 12 GALETTES

Préparation : 15 min
Cuisson : 10 min

200 g de maïs en conserve
100 g de gruyère râpé
2 petits oignons
175 g de farine à levure incorporée
1 c. à café de levure chimique
2 œufs
12,5 cl de lait
1 c. à soupe d'huile de tournesol
sel et poivre

POUR LA SAUCE

2 tomates mûres
2 c. à soupe de ketchup

1 Préparez la sauce. Hachez finement les tomates, puis mélangez-les dans un bol avec le ketchup.

2 Dans un saladier, fouettez la farine, la levure, les œufs et le lait jusqu'à obtenir une pâte lisse. Incorporez successivement le maïs égoutté et le fromage râpé. Émincez les oignons et ajoutez-les. Salez et poivrez.

3 Faites chauffer la moitié de l'huile dans une poêle antiadhésive, déposez 6 c. à soupe de pâte, aplatissez les galettes avec le dos de la cuillère, en prenant soin d'éviter qu'elles ne se touchent. Laissez-les dorer 1 min 30 à feu moyen, retournez-les et prolongez la cuisson. Servez avec la sauce au ketchup.

EXPRESS

VÉGÉTARIEN

TARTE FINE AUX COURGETTES

POUR 4 PERSONNES

Préparation : 30 min
Repos de la pâte : 25 min
Cuisson : 35 min

500 g de courgettes
1 oignon
3 gousses d'ail
huile d'olive
sel et poivre

POUR LA PÂTE

250 g de farine complète
1 1/2 c. à café de levure sèche instantanée
1 pincée de sucre
1 pincée de sel
1 œuf
2 c. à soupe d'huile d'olive

POUR SERVIR

copeaux de parmesan

1 Préchauffez le four à 190 °C. Préparez la pâte. Dans un saladier, mélangez la farine avec la levure, le sucre, le sel et formez un puits. Dans un bol, battez l'œuf et versez-le dans le puits avec l'huile et de l'eau tiède. Mélangez pour obtenir une boule de pâte, puis pétrissez-la jusqu'à ce qu'elle soit lisse. Huilez une grande plaque de cuisson, puis étalez la pâte dessus en formant un rectangle de 40 x 30 cm.

2 Émincez l'oignon, écrasez l'ail et coupez les courgettes en rondelles. Huilez une poêle, puis faites frire l'ail et répartissez-le sur la pâte. Répétez l'opération avec l'oignon, puis rangez les rondelles de courgette sur la pâte, en les faisant se chevaucher légèrement. Arrosez d'huile, salez et poivrez. Filmez et laissez lever la pâte 25 min.

3 Enfournez pour 25 min. Parsemez de parmesan et servez bien chaud.

VÉGÉTARIEN

PIZZA MARGHERITA

POUR 2 PIZZAS

Préparation : 25 min
Cuisson : 20 min

2 pâtes à pizza
125 g de mozzarella
1 poignée de tomates cerises
1 poignée de parmesan râpé
1 poignée de basilic
huile d'olive
sel et poivre

POUR LA SAUCE TOMATE

100 g de sauce tomate
1 gousse d'ail
1 poignée de basilic

1 Préchauffez le four à 220 °C. Déposez les pâtes à pizza sur deux plaques de cuisson farinées.

2 Préparez la sauce tomate. Écrasez l'ail, mettez-le dans un grand bol avec la sauce tomate et le basilic haché, puis mélangez. Badigeonnez-en les pâtes.

3 Tranchez la mozzarella, puis coupez les tomates cerises en deux. Répartissez le tout sur les pizzas. Arrosez d'huile, parsemez de parmesan, salez et poivrez. Enfournez une pizza pour 8 à 10 min. Arrosez d'huile, parsemez de basilic et servez. Répétez l'opération pour la seconde pizza.

VÉGÉTARIEN

PIZZA À LA TOMATE ET À LA RICOTTA

POUR 6 PERSONNES

Préparation : 20 min
Cuisson : 30 min

500 g de pâte à pain
10 tomates cerises
250 g de ricotta
2 poivrons jaunes
1 oignon
800 g de tomates concassées en conserve
1 c. à café d'huile d'olive
2 c. à soupe de farine
basilic
sel et poivre

1 Préchauffez le four à 220 °C. Coupez les poivrons et l'oignon en morceaux. Faites revenir le tout dans une grande poêle quelques minutes avec l'huile. Ajoutez les tomates concassées, assaisonnez et laissez mijoter 10 min.

2 Pendant ce temps, étalez la pâte à pain sur une plaque de cuisson farinée en un carré de 25 cm de côté. Enfournez en haut du four pour 5 min.

3 Coupez quelques tomates cerises en deux. Retirez la pâte à pain du four, étalez la préparation aux poivrons, puis répartissez toutes les tomates dessus. Déposez des petits tas de ricotta à l'aide d'une cuillère. Enfournez pour 20 min. Parsemez de basilic et servez immédiatement.

RECETTE WAHOU !

VÉGÉTARIEN

ŒUFS ET FRITES AU FOUR

POUR 2 PERSONNES

Préparation : 10 min
Cuisson : 45 min

2 œufs
450 g de pommes de terre
2 gousses d'ail
4 brins de romarin
ou 1 c. à café de romarin séché
2 c. à soupe d'huile d'olive
sel et poivre

1 Préchauffez le four à 220 °C. Sans les éplucher, coupez les pommes de terre en grosses frites. Déposez-les dans un plat antiadhésif allant au four. Hachez l'ail et éparpillez-le sur le dessus. Saupoudrez le plat de romarin. Arrosez d'huile, salez, poivrez, puis remuez les frites pour bien les enrober.

2 Faites rôtir les frites 35 à 40 min, jusqu'à ce qu'elles soient dorées, en les remuant à mi-cuisson.

3 Ménagez deux creux au milieu des frites et cassez-y les œufs. Remettez au four 3 à 5 min, jusqu'à ce que les œufs soient cuits.

VÉGÉTARIEN

TOMATES ÉPICÉES ET ŒUFS AU FOUR

POUR 2 PERSONNES

Préparation : 10 min
Cuisson : 25 min

600 g de tomates cerises en conserve
1 piment rouge
4 œufs
2 oignons
1 gousse d'ail
1 petit bouquet de coriandre
1 c. à soupe d'huile d'olive
1 c. à café de sucre

1 Épépinez le piment, puis hachez-le finement avec les oignons. Émincez l'ail. Hachez les tiges de coriandre et ciselez les feuilles.

2 Dans une sauteuse, faites revenir le piment, les oignons, l'ail et les tiges de coriandre 5 min avec l'huile. Incorporez les tomates et le sucre, puis laissez bouillir 8 à 10 min, jusqu'à obtenir une sauce épaisse.

3 Ménagez 4 creux dans la préparation et cassez-y les œufs. Couvrez et laissez cuire à feu doux 6 à 8 min, selon le degré de cuisson des œufs souhaité. Parsemez de feuilles de coriandre et servez.

LIGHT

VÉGÉTARIEN

ŒUFS BROUILLÉS AUX TOMATES

POUR 2 PERSONNES

Préparation : 15 min
Cuisson : 10 min

4 œufs
1 poignée de tomates cerises
1 piment rouge
1 petit oignon
15 g de beurre
lait
sel et poivre

POUR SERVIR

2 tranches de pain grillé
coriandre

1 Épépinez le piment, puis hachez-le avec l'oignon. Dans un bol, battez légèrement les œufs.

2 Dans une poêle, faites fondre le beurre, puis faites revenir le piment et l'oignon 8 min. Ajoutez les œufs battus et un peu de lait, en remuant constamment.

3 Coupez les tomates cerises en quartiers et ajoutez-les aux œufs brouillés 2 min avant de retirer la poêle du feu. Assaisonnez, puis servez sur des tranches de pain grillé chaud. Parsemez de coriandre.

EXPRESS

VÉGÉTARIEN

FRITTATA AUX COURGETTES

POUR 2 PERSONNES

Préparation : 15 min
Cuisson : 20 min

6 œufs
2 courgettes
1 petit oignon
50 g de gruyère râpé
huile d'olive

POUR SERVIR

salade verte

1 Émincez l'oignon et coupez les courgettes en rondelles. Dans une poêle, faites revenir le tout 10 min à feu moyen avec un peu d'huile, jusqu'à ce que les courgettes soient tendres.

2 Dans un grand saladier, battez les œufs, ajoutez les courgettes et l'oignon, le fromage et mélangez. Dans une poêle antiadhésive, faites chauffer un peu d'huile et versez-y la préparation. Faites cuire à feu doux en remuant jusqu'à ce que le dessous soit cuit.

3 Préchauffez le gril du four et glissez dessous la frittata jusqu'à ce qu'elle soit gonflée et dorée sur le dessus. Coupez en parts et servez avec une salade verte.

VÉGÉTARIEN

TORTILLA AUX ÉPINARDS

POUR 6 PERSONNES

Préparation : 15 min
Cuisson : 25 min

10 œufs
400 g d'épinards
2 grosses pommes de terre
1 gros oignon
3 c. à soupe d'huile d'olive
sel et poivre

1 Portez de l'eau à ébullition dans une casserole. Mettez les épinards dans une grande passoire, puis arrosez-les lentement d'eau bouillante jusqu'à ce qu'ils aient fondu. Rafraîchissez-les sous l'eau froide et pressez-les pour éliminer le maximum d'eau.

2 Coupez l'oignon et les pommes de terre en morceaux. Faites-les revenir 10 min à feu doux dans une poêle antiadhésive avec l'huile. Mélangez les épinards au contenu de la poêle, puis versez les œufs battus assaisonnés dessus et laissez cuire en remuant jusqu'à ce que la tortilla soit presque ferme.

3 Retournez la tortilla dans une assiette, remettez-la dans la poêle et laissez cuire le dessous. Laissez refroidir, puis coupez-la en parts. Servez-la froide ou réchauffez-la au micro-ondes.

VÉGÉTARIEN

POIVRONS FARCIS À LA SEMOULE

POUR 2 PERSONNES

Préparation : 25 min
Cuisson : 40 min

2 poivrons rouges
85 g de semoule de couscous
2 c. à soupe de raisins secs
2 tomates
4 c. à soupe de bouillon de légumes
1 c. à café de miel
le zeste et le jus de 1 citron
2 gousses d'ail
1 poignée de persil
150 g de yaourt nature
1 c. à soupe d'huile d'olive
sel et poivre

POUR SERVIR

salade verte

1 Préchauffez le four à 170 °C. Réchauffez le bouillon avec le miel et le jus de citron. Dans un saladier résistant à la chaleur, mélangez la semoule avec les raisins secs. Versez le bouillon dans le saladier, couvrez, puis laissez gonfler 5 min.

2 Mixez le zeste de citron, l'ail et le persil. Prélevez 1 c. à soupe du mélange et incorporez-le au yaourt dans un petit bol. Hachez les tomates, ajoutez-les à la semoule avec le reste de la préparation mixée, mélangez, puis assaisonnez.

3 Coupez les poivrons en deux, épépinez-les et répartissez-y la semoule. Déposez-les dans un plat allant au four, arrosez d'huile, puis enfournez pour 40 min. Servez avec la sauce au yaourt et de la salade verte.

VÉGÉTARIEN

AUBERGINES FARCIES À L'ITALIENNE

POUR 4 PERSONNES

Préparation : 20 min
Cuisson : 55 min

2 aubergines
125 g de mozzarella
12 tomates cerises
1 gros oignon
4 gousses d'ail
50 g d'olives vertes dénoyautées
1 poignée de basilic
2 c. à soupe d'huile d'olive
+ pour arroser
1 poignée de chapelure
sel et poivre

1 Préchauffez le four à 200 °C. Coupez les aubergines en deux dans la longueur. Évidez-les à l'aide d'une cuillère en réservant leur chair. Huilez l'intérieur et assaisonnez. Placez-les dans un plat allant au four, couvrez et enfournez pour 20 min.

2 Hachez séparément la chair des aubergines, l'oignon, l'ail, les olives et le basilic. Coupez les tomates cerises en deux et détaillez la mozzarella en cubes. Versez le reste d'huile dans une poêle antiadhésive, puis faites revenir l'oignon. Ajoutez la chair des aubergines et prolongez la cuisson jusqu'à ce qu'elle soit cuite. Incorporez l'ail et les tomates cerises, puis laissez cuire 3 min. Incorporez les olives, le basilic, la mozzarella, salez et poivrez.

3 Sortez les aubergines du four, puis remplissez-les de farce. Baissez la température du four à 180 °C. Parsemez les aubergines farcies de chapelure, puis arrosez d'un filet d'huile. Enfournez pour 20 à 25 min.

VÉGÉTARIEN

CONCHIGLIE À LA TOMATE

POUR 6 PERSONNES

Préparation : 10 min
Cuisson : 15 min

500 g de conchiglie
30 cl de sauce tomate
2 gousses d'ail
2 c. à soupe d'huile d'olive
50 g de beurre
10 cl de crème liquide
1 petite poignée de basilic
3 c. à soupe de parmesan râpé
sel et poivre

1 Faites cuire les pâtes 12 min à l'eau bouillante salée.

2 Pendant ce temps, hachez l'ail. Faites-le revenir dans une grande casserole à feu doux avec l'huile. Versez la sauce tomate, salez, poivrez, puis laissez mijoter 10 min.

3 Dans une autre casserole, faites fondre le beurre. Égouttez les pâtes, ajoutez-les et mélangez. Incorporez la sauce tomate, la crème et le basilic sans cesser de remuer. Parsemez de parmesan et servez sans attendre.

EXPRESS

VÉGÉTARIEN

PENNE AU FROMAGE DE CHÈVRE

POUR 4 PERSONNES

Préparation : 15 min
Cuisson : 12 min

350 g de penne rigate
125 g de fromage de chèvre frais
100 g de roquette
50 g de noix
1 petit bouquet de ciboulette
le zeste de 1 citron
sel et poivre

1 Faites cuire les pâtes à l'eau bouillante salée. Égouttez-les en réservant 2 c. à soupe d'eau de cuisson, puis remettez les pâtes sur le feu dans la casserole.

2 Concassez les noix, puis ciselez la ciboulette. Ajoutez-les aux pâtes en remuant, ainsi que le fromage, le zeste de citron et l'eau de cuisson réservée. Salez et poivrez. Ajoutez la roquette et servez.

EXPRESS

VÉGÉTARIEN

TORTELLINI AUX TOMATES

POUR 2 PERSONNES

Préparation : 10 min
Cuisson : 15 min

250 g de tortellini à la ricotta et aux épinards
250 g de tomates cerises
40 g de persil
1 c. à soupe d'huile d'olive
3 c. à soupe de parmesan râpé
sel et poivre

1 Faites cuire les tortellini 2 min à l'eau bouillante salée, puis égouttez-les et réservez 2 c. à soupe d'eau de cuisson.

2 Faites rissoler les tomates cerises dans une poêle avec l'huile jusqu'à ce que leur peau éclate.

3 Ciselez grossièrement le persil. Augmentez le feu sous la poêle, puis ajoutez les tortellini, l'eau de cuisson réservée, le persil et les trois quarts du parmesan aux tomates. Laissez bouillonner quelques minutes, puis assaisonnez. Servez avec le reste du parmesan.

EXPRESS

VÉGÉTARIEN

CANNELLONIS AUX COURGETTES

POUR 4 PERSONNES

Préparation : 25 min
Cuisson : 30 min

1 paquet de lasagnes fraîches
4 courgettes
1 oignon
2 gousses d'ail
700 g de coulis de tomate
250 g de ricotta
50 g de parmesan râpé
2 c. à soupe d'huile d'olive
le zeste de 1 citron
sel et poivre

1 Préchauffez le four à 200 °C. Hachez l'oignon, pilez l'ail et râpez les courgettes.

2 Dans une poêle, faites revenir l'oignon avec l'huile. Ajoutez l'ail, les courgettes et faites cuire le tout jusqu'à ce que les courgettes soient tendres. Hors du feu, ajoutez le zeste de citron et la moitié de la ricotta et du parmesan. Salez et poivrez.

3 Dans un plat allant au four, versez la moitié du coulis de tomate. Sur une grande assiette, étalez les lasagnes et déposez la garniture de courgettes dessus. Enroulez-les pour leur donner la forme de cannellonis. Déposez-les sur la sauce tomate, jointure en dessous. Versez le reste de coulis et parsemez du fromage restant. Enfournez pour 15 min, jusqu'à ce que les cannellonis soient dorés.

VÉGÉTARIEN

FUSILLI AUX LÉGUMES GRATINÉS

POUR 4 PERSONNES

Préparation : 15 min
Cuisson : 50 min

85 g de fusilli
1 poireau
1 poivron rouge
85 g de maïs en conserve
85 g de petits pois surgelés
2 gros œufs
15 cl de lait
1 c. à soupe de thym
50 g de gruyère râpé
2 c. à soupe de parmesan râpé
sel et poivre

1 Préchauffez le four à 190 °C et huilez un plat profond allant au four.

2 Émincez le poireau et le poivron. Faites cuire les pâtes 8 min à l'eau bouillante salée. Ajoutez le poireau, le poivron, le maïs et les petits pois dans la casserole, puis prolongez la cuisson de 2 ou 3 min. Égouttez, transvasez le tout dans le plat, puis remuez bien.

3 Dans un bol, battez les œufs avec le lait et le thym. Incorporez le gruyère, salez et poivrez. Versez le tout dans le plat et remuez délicatement. Parsemez de parmesan, puis enfournez pour 40 min. Servez chaud.

VÉGÉTARIEN

PÂTES AU POTIRON

POUR 2 PERSONNES

Préparation : 15 min
Cuisson : 20 min

175 g de pâtes
300 g de potiron
140 g de champignons de Paris
2 gousses d'ail
20 g de parmesan râpé
1 c. à soupe d'huile d'olive

1 Coupez le potiron en dés et hachez l'ail. Dans une poêle antiadhésive, faites revenir la courge avec l'ail. Arrosez d'un filet d'eau, puis laissez cuire à feu vif 15 min. Émincez les champignons et ajoutez-les dans la poêle. Prolongez la cuisson en remuant, jusqu'à ce que tous les ingrédients commencent à caraméliser.

2 Pendant la cuisson des légumes, faites cuire les pâtes à l'eau bouillante salée. Égouttez-les en réservant un peu d'eau de cuisson. Incorporez-les au contenu de la poêle avec l'eau de cuisson réservée, puis les trois quarts du parmesan.

3 Répartissez les pâtes au potiron dans des assiettes, parsemez du reste de fromage et servez.

VÉGÉTARIEN

SPAGHETTIS AUX NOIX ET RAISINS SECS

POUR 4 PERSONNES

Préparation : 10 min
Cuisson : 15 min

300 g de spaghettis
3 c. à soupe de noix hachées
5 c. à soupe de raisins secs
2 oignons
1 petit bouquet de persil
2 c. à soupe d'huile d'olive
25 cl de bouillon de légumes
50 g de parmesan râpé

1 Faites cuire les pâtes 8 min à l'eau bouillante salée, puis égouttez-les.

2 Pendant la cuisson des pâtes, émincez les oignons et ciselez le persil. Faites revenir les oignons 10 min dans une poêle avec l'huile. Ajoutez les raisins secs et le bouillon, puis prolongez la cuisson de 3 min.

3 Incorporez les pâtes, les noix, le parmesan râpé et le persil à la préparation. Servez chaud.

EXPRESS

VÉGÉTARIEN

GRATIN DE GNOCCHIS À LA TOMATE

POUR 4 PERSONNES

Préparation : 10 min
Cuisson : 25 min

500 g de gnocchis
400 g de tomates concassées en conserve
75 g de mozzarella
1 poivron rouge
1 oignon
1 gousse d'ail
1 c. à soupe d'huile d'olive
1 poignée de basilic
sel et poivre

1 Préchauffez le gril du four à la température maximale. Épépinez le poivron, émincez-le avec l'oignon, puis pilez l'ail.

2 Faites revenir le poivron et l'oignon avec l'huile dans une grande poêle 5 min. Ajoutez l'ail en remuant, faites-le frire 1 min, puis incorporez les tomates et les gnocchis et laissez bouillonner 10 à 15 min, en remuant de temps en temps, jusqu'à ce que les gnocchis soient tendres et que la sauce ait épaissi. Assaisonnez, parsemez de basilic, puis transférez dans un grand plat allant au four.

3 Coupez la mozzarella en tranches et ajoutez-la dans le plat. Faites gratiner le fromage 5 ou 6 min au four et servez aussitôt.

VÉGÉTARIEN

RISOTTO DE COURGETTES

POUR 4 PERSONNES

Préparation : 20 min
Cuisson : 30 min

400 g de riz pour risotto
4 courgettes
3 échalotes
2 gousses d'ail
1 bouquet de persil
1 bouquet de menthe
50 g de beurre
1 c. à soupe d'huile d'olive
15 cl de vin blanc sec
1 l de bouillon de légumes
25 g de parmesan râpé
sel et poivre

1 Détaillez les courgettes en lamelles dans la longueur. Faites chauffer un tiers du beurre dans une poêle et ajoutez-les. Faites-les revenir quelques minutes. Éliminez l'excédent de matière grasse et réservez au chaud.

2 Hachez séparément les échalotes et l'ail. Faites chauffer une casserole avec l'huile et un autre tiers du beurre. Ajoutez les échalotes et faites cuire 5 min, jusqu'à ce qu'elles soient tendres. Ajoutez l'ail, puis le riz et faites revenir 1 min. Versez le vin et laissez bouillir en remuant jusqu'à ce que le liquide soit absorbé. Réchauffez le bouillon et baissez le feu à feu moyen. Versez le bouillon, louche par louche, au fur et à mesure que le riz l'absorbe.

3 Quand le riz est tendre mais encore un peu croquant, retirez la casserole. Ajoutez le persil et la menthe ciselés, le parmesan et le reste de beurre. Salez et poivrez. Déposez les courgettes sur le dessus.

VÉGÉTARIEN

RISOTTO EXPRESS À LA COURGE

POUR 4 PERSONNES

Préparation : 10 min
Cuisson : 20 min

250 g de riz pour risotto
1 courge
1 poignée de sauge (facultatif)
70 cl de bouillon de légumes
2 poignées de parmesan râpé

1 Réchauffez le bouillon. Mettez le riz dans un grand plat allant au micro-ondes. Versez 50 cl de bouillon sur le riz, couvrez, puis laissez cuire 5 min à la puissance maximale.

2 Pendant ce temps, coupez la courge en cubes. Ajoutez-les au riz avec le reste du bouillon, couvrez et faites cuire au micro-ondes 15 min, en remuant à mi-cuisson, jusqu'à ce que le riz ait absorbé presque tout le bouillon.

3 Laissez reposer 2 min. Hachez éventuellement la sauge, puis incorporez-la à la préparation avec la moitié du parmesan. Répartissez le risotto dans des assiettes, parsemez du reste de parmesan et servez.

VÉGÉTARIEN

CHILI CON QUINOA

POUR 4 PERSONNES

Préparation : 15 min
Cuisson : 30 min

100 g de quinoa
1 kg de potiron
800 g de tomates concassées en conserve
400 g de haricots rouges en conserve
1 gros oignon
2 gousses d'ail
1 c. à soupe d'huile d'olive
1 c. à soupe de piment doux
1 pincée de cumin en poudre
1 pincée d'origan séché
1 petit bouquet de coriandre

1 Faites tremper le quinoa 10 min dans un saladier d'eau froide.

2 Pendant ce temps, émincez l'oignon et écrasez l'ail. Faites revenir l'oignon et l'ail 7 ou 8 min à feu doux avec l'huile dans une grande casserole. Parsemez de piment doux, de cumin et d'origan. Laissez mijoter 1 min.

3 Coupez le potiron en cubes et égouttez le quinoa. Ajoutez-les ainsi que les tomates. Prolongez la cuisson de 10 à 15 min à feu doux, jusqu'à ce que le potiron et le quinoa soient tendres et que la sauce ait épaissi. Égouttez et rincez les haricots rouges, puis ajoutez-les. Laissez cuire 5 min. Ajoutez les trois quarts de la coriandre hachée, mélangez, puis répartissez le chili dans des assiettes. Parsemez du reste de coriandre.

VÉGÉTARIEN

TAJINE DE LÉGUMES À LA SEMOULE

POUR 4 PERSONNES

Préparation : 20 min
Cuisson : 30 min

1,2 kg de potimarron
2 poivrons rouges
12 petits pruneaux dénoyautés
4 échalotes
2 c. à soupe d'huile d'olive
1 c. à café de cannelle
1/2 c. à café de gingembre en poudre
45 cl de bouillon de légumes
2 c. à café de miel
3 c. à soupe de coriandre
3 c. à soupe de menthe
sel

POUR LA SEMOULE

250 g de semoule de couscous
400 g de pois chiches en conserve
1/2 c. à café de sel
1 poignée d'amandes effilées (facultatif)

1 Coupez le potimarron en cubes et les échalotes en deux. Faites dorer les échalotes 5 min avec l'huile dans une grande poêle. Ajoutez le potimarron et les épices, laissez cuire 1 min en remuant, puis versez le bouillon. Salez, ajoutez les pruneaux et le miel, couvrez et laissez mijoter 12 min à feu doux.

2 Coupez les poivrons en morceaux, ajoutez-les dans la poêle et laissez cuire 8 à 12 min. Ajoutez 2 c. à soupe de menthe et de coriandre ciselées, puis réservez.

3 Préparez la semoule. Versez 40 cl d'eau bouillante sur la semoule, ajoutez les pois chiches égouttés et rincés puis le sel. Couvrez et laissez gonfler 5 min. Égrainez à la fourchette. Si vous le souhaitez, faites griller les amandes effilées à sec et parsemez-en la semoule. Servez le tajine de légumes sur la semoule, parsemé du reste de coriandre et de menthe.

VÉGÉTARIEN

DESSERTS

GALETTES DE FLOCONS D'AVOINE

POUR 12 GALETTES

Préparation : 10 min
Cuisson : 30 min

250 g de flocons d'avoine
175 g de beurre
140 g de mélasse ou de sirop d'érable
50 g de cassonade

1 Préchauffez le four à 180 °C. Tapissez le fond d'un moule à tarte de 23 cm de diamètre de papier sulfurisé.

2 Dans une casserole, faites chauffer le beurre, la mélasse et la cassonade à feu doux. Retirez du feu dès que le sucre et la mélasse sont dissous et que le beurre est fondu. Incorporez les flocons d'avoine.

3 Mettez la préparation dans le moule et tassez-la. Enfournez pour 20 à 25 min, jusqu'à ce que le dessus soit doré. Laissez refroidir complètement avant de démouler et de découper en 12 parts.

POIRES POCHÉES AU CARAMEL

POUR 4 PERSONNES

Préparation : 10 min
Cuisson : 25 min

4 poires
1 gousse de vanille
150 g de sucre blond
30 g de beurre
100 g de sucre roux
2 c. à soupe de sirop d'érable
15 cl de crème liquide

1 Remplissez une grande casserole d'eau. Fendez la gousse de vanille, puis mettez-la dans l'eau avec le sucre blond et portez à ébullition.

2 Pelez les poires, évidez-les sans ôter leur queue et plongez-les dans la casserole. Laissez-les mijoter 15 min, puis égouttez-les.

3 Dans une autre casserole, déposez le beurre, le sucre roux, le sirop d'érable et la crème. Faites cuire à feu doux 5 à 7 min, jusqu'à obtenir un caramel lisse. Déposez les poires dans des assiettes creuses, puis nappez-les de caramel et servez.

SPÉCIAL FRUITS

NECTARINES FARCIES AU BISCUIT

POUR 4 PERSONNES

Préparation : 15 min
Cuisson : 25 min

4 nectarines
8 biscuits au gingembre
25 g de beurre
2 c. à café de miel
le zeste et le jus de 1 orange

POUR SERVIR

200 g de fromage blanc
2 c. à soupe de sucre

1 Préchauffez le four à 180 °C. Coupez les nectarines en deux et ôtez leur noyau. Déposez-les dans un plat à four, côté coupé vers le haut.

2 Mettez les biscuits dans un sac en plastique. À l'aide d'un rouleau à pâtisserie, réduisez-les en miettes. Dans une casserole à feu doux, faites fondre le beurre, versez le miel et les miettes de biscuit, puis mélangez. Remplissez le cœur de chaque fruit avec 1 c. à soupe de cette préparation.

3 Arrosez les nectarines du jus d'orange, puis enfournez pour 20 min. Battez le fromage blanc avec le sucre et le zeste d'orange. Arrosez les fruits de leur jus de cuisson et servez bien chaud avec du fromage blanc battu.

SPÉCIAL FRUITS

CRÊPES SUZETTE

POUR 4 PERSONNES

Préparation : 20 min
Cuisson : 15 min

4 crêpes cuites

POUR LE SIROP À L'ORANGE

2 oranges non traitées
100 g de sucre blond
20 g de beurre

POUR SERVIR

crème fraîche
quartiers d'orange

1 Préparez le sirop à l'orange. Râpez le zeste de 1 orange et pressez les 2 fruits. Versez le sucre dans un récipient allant au micro-ondes et mouillez avec 3 c. à soupe de jus d'orange. Faites chauffer 3 ou 4 min à la puissance maximale, jusqu'à obtenir un caramel bouillonnant.

2 Sortez le bol du four, puis ajoutez le reste du jus d'orange, le zeste et le beurre. Faites chauffer 1 min à la puissance maximale. Mélangez, puis laissez cuire encore 1 min, jusqu'à ce que le caramel soit dissous dans le jus et que la sauce soit sirupeuse.

3 Réchauffez les crêpes dans une poêle antiadhésive. Servez-les pliées en quatre et nappées de sauce à l'orange, garnies de 1 c. à soupe de crème et de quartiers d'orange.

RECETTE WAHOU !

FEUILLETÉS DE BANANE CARAMÉLISÉE

POUR 4 PERSONNES

Préparation : 20 min
Cuisson : 20 min

2 pâtes feuilletées
4 petites bananes
1 œuf
sucre roux
30 cl de crème fraîche
2 c. à soupe de sucre glace
extrait de vanille

1 Préchauffez le four à 200 °C. Coupez les bananes en deux dans la longueur. Déposez sur chaque pâte feuilletée 4 moitiés de banane, côté coupé vers le haut. Coupez la pâte autour de chaque morceau de banane en laissant 2 cm de marge, puis retournez les bords sur les bananes. Posez les feuilletés sur du papier sulfurisé, badigeonnez les bords à l'œuf battu et saupoudrez de sucre roux.

2 Enfournez pour 15 à 20 min. La pâte doit être levée et dorée, et les bananes caramélisées.

3 Battez la crème au fouet avec le sucre glace et quelques gouttes d'extrait de vanille. Servez 2 feuilletés par personne, avec 1 c. à soupe de crème aromatisée à la vanille.

CRÈME COCO AUX FRUITS

POUR 4 PERSONNES

Préparation : 10 min

500 g de yaourt grec
85 g de sucre glace
50 g de crème de coco
2 kiwis
400 g d'ananas

1 Versez le yaourt dans un grand bol, incorporez successivement le sucre glace et la crème de coco. Déposez cette préparation dans des verrines et placez au frais.

2 Coupez les fruits en petits morceaux et déposez-les sur la crème juste avant de servir. Si l'ananas est au sirop, égouttez-le au préalable.

SPÉCIAL FRUITS

EXPRESS

MOUSSE AU CITRON

POUR 4 PERSONNES

Préparation : 15 min

1 citron
28,5 cl de crème liquide bien froide
50 g de sucre
5 cl de vin blanc doux

POUR SERVIR

biscuits aux amandes

1 Râpez le zeste du citron, puis pressez le fruit. Fouettez énergiquement la crème et le sucre jusqu'à ce que la chantilly soit ferme. Incorporez délicatement le vin, la majeure partie du zeste de citron et le jus.

2 Répartissez la mousse au citron dans des verrines, décorez avec le reste du zeste de citron. Servez avec des biscuits aux amandes.

EXPRESS

TIMBALES AUX ABRICOTS

POUR 4 PERSONNES

Préparation : 10 min

400 g d'abricots au naturel en conserve
30 cl de crème fraîche
200 g de yaourt grec
10 biscuits aux céréales garnis de chocolat
1/2 c. à café de cannelle
2 c. à soupe de sucre blond

1 Égouttez les abricots en réservant la moitié du jus. Hachez grossièrement les fruits et répartissez-les dans des verrines. Versez le jus réservé par-dessus.

2 Dans un bol, mélangez la crème et le yaourt. Écrasez grossièrement les biscuits et mélangez-les avec la crème. Versez le mélange sur les abricots.

3 Mélangez la cannelle et le sucre, saupoudrez-en les verrines et servez aussitôt.

EXPRESS

TOURTE AUX POMMES

POUR 6 À 8 PERSONNES

Préparation : 30 min
Cuisson : 1 h 10

2 pâtes brisées
1,5 kg de pommes acidulées
le jus de 1 citron
1/2 c. à café de cannelle
2 c. à soupe de farine
25 g de cassonade
2 c. à soupe de lait

POUR SERVIR

crème Chantilly

1 Préchauffez le four à 220 °C. Pelez les pommes et coupez-les en tranches épaisses. Arrosez-les de jus de citron, puis épongez-les avec du papier absorbant. Saupoudrez-les de cannelle, de farine, de cassonade et remuez délicatement.

2 Déroulez 1 pâte brisée dans une tourtière. Garnissez avec les pommes et badigeonnez le bord avec le lait. Posez la seconde pâte dessus. Soudez le bord en pinçant les deux pâtes. Faites une cheminée au centre. Enduisez la pâte de lait et saupoudrez de cassonade.

3 Enfournez pour 20 min, puis baissez la température du four à 190 °C et laissez cuire 50 min, jusqu'à ce que la pâte soit dorée. Servez la tourte chaude ou froide avec de la chantilly.

SPÉCIAL FRUITS

RIZ AU LAIT À LA BANANE

POUR 2 PERSONNES

Préparation : 20 min
Cuisson : 15 min

85 g de riz rond
1 banane
1 c. à soupe de poudre pour crème anglaise
40 cl de lait
2 c. à soupe de sucre roux
1/4 de c. à café de cannelle

1 Dans un plat adapté au micro-ondes, délayez la poudre pour crème anglaise avec un peu de lait, puis ajoutez progressivement le reste du lait, sans cesser de mélanger pour éviter les grumeaux.

2 Coupez la banane en rondelles et incorporez-en la moitié à la crème. Saupoudrez de 1 c. à soupe de sucre, remuez, couvrez le plat, puis faites cuire 3 min à la puissance maximale. Incorporez le riz à la préparation, couvrez et prolongez la cuisson de 6 min en remuant à mi-cuisson. Ajoutez le reste de la banane au riz au lait, puis mélangez délicatement. Couvrez et laissez cuire au micro-ondes 3 à 5 min, en remuant toutes les minutes.

3 Mélangez le reste de sucre avec la cannelle. Répartissez le riz au lait dans des bols, parsemez de sucre à la cannelle, puis servez.

CRÈMES CARAMEL

POUR 6 PERSONNES

Préparation : 20 min
Cuisson : 30 min

50 cl de lait
3 gros œufs + 2 jaunes
100 g de sucre
extrait de vanille
2 c. à soupe de cointreau
ou de Grand Marnier (facultatif)

POUR LE CARAMEL

140 g de sucre

1 Préchauffez le four à 140 °C, puis placez des ramequins dans un plat allant au four.

2 Préparez le caramel. Dans une casserole, faites chauffer le sucre et 3 c. à soupe d'eau froide à feu doux en remuant jusqu'à ce que le sucre soit dissous. Augmentez le feu et laissez bouillonner sans remuer. Lorsque le liquide devient doré sur les bords, faites pivoter la casserole sans la remuer pour obtenir une couleur homogène. Arrêtez le feu et répartissez le caramel dans les ramequins.

3 Portez le lait à frémissement dans une casserole. Fouettez les œufs entiers avec les jaunes et le sucre dans un saladier, puis incorporez lentement le lait chaud sans cesser de fouetter. Filtrez le liquide au-dessus. Ajoutez quelques gouttes d'extrait de vanille et l'alcool. Répartissez la préparation dans les ramequins. Versez de l'eau bouillante dans le plat jusqu'à mi-hauteur des ramequins et enfournez pour 15 à 20 min. Laissez refroidir. Réservez les crèmes au réfrigérateur jusqu'à 2 jours, puis démoulez-les.

CRÈME BRÛLÉE AUX PÊCHES

POUR 4 PERSONNES

Préparation : 20 min
Cuisson : 3 min

4 pêches bien mûres
6 biscuits amaretti
40 cl de crème fraîche
85 g de cassonade

1 Préchauffez le gril du four à la température maximale. Dénoyautez les pêches et coupez-les en quartiers. Mettez les biscuits dans un sac en plastique et réduisez-les en miettes avec un rouleau à pâtisserie. Mélangez soigneusement dans un saladier.

2 Répartissez le mélange dans une tourtière, puis couvrez entièrement de crème. Lissez avec la lame d'un couteau, puis saupoudrez de cassonade.

3 Passez 3 min sous le gril, jusqu'à ce que le sucre soit caramélisé et servez sans attendre.

SPÉCIAL FRUITS

EXPRESS

GÂTEAU À LA BANANE

POUR 4 PERSONNES

Préparation : 20 min
Cuisson : 10 min

2 bananes bien mûres
100 g de beurre
100 g de sucre roux
100 g de farine à levure incorporée
2 c. à café de cannelle
2 œufs
2 c. à soupe de lait
sucre glace

POUR SERVIR

sauce au caramel

1 Mettez le beurre dans un plat à gratin de 1 l et faites-le fondre au micro-ondes à la puissance maximale. Sortez le plat du four. Incorporez 1 banane et demie au beurre en les écrasant à la fourchette. Ajoutez le sucre roux, la farine, la cannelle, les œufs et le lait. Mélangez soigneusement.

2 Coupez le reste de banane en rondelles et répartissez-les sur la pâte. Faites cuire le gâteau 8 min au micro-ondes à la puissance maximale.

3 Saupoudrez de sucre glace et servez tiède avec de la sauce au caramel.

SPÉCIAL FRUITS

CRUMBLES AUX POMMES

POUR 4 PERSONNES

Préparation : 20 min
Cuisson : 15 min

8 pommes
6 c. à soupe de crème de caramel
50 g de beurre froid
50 g de farine
50 g de flocons d'avoine

1 Préchauffez le four à 220 °C. Pelez les pommes, coupez-les en dés et déposez-les dans une casserole. Ajoutez un peu d'eau, couvrez et faites cuire à feu vif 4 ou 5 min, en remuant. Incorporez 3 c. à soupe de crème de caramel.

2 Transférez la préparation dans des petits plats allant au four. Réservez 1 c. à soupe de crème de caramel et répartissez le reste sur les fruits.

3 Dans un saladier, mélangez la farine, les flocons d'avoine et le beurre coupé en dés du bout des doigts jusqu'à obtenir une pâte granuleuse, puis incorporez la crème de caramel réservée. Répartissez la pâte sur les fruits. Enfournez pour 15 min, puis servez.

SPÉCIAL FRUITS

SABLÉS À LA CONFITURE

POUR 12 SABLÉS

Préparation : 20 min
Cuisson : 15 min

4 c. à soupe de confiture de fraises
200 g de farine à levure incorporée
100 g de sucre blond
100 g de beurre ramolli
1 gros œuf

1 Préchauffez le four à 190 °C. Dans un saladier, mélangez la farine, le sucre et le beurre jusqu'à obtenir une pâte sableuse. Battez l'œuf, puis incorporez-en juste assez pour obtenir une pâte ferme.

2 Farinez vos mains et façonnez un boudin de pâte de 5 cm de diamètre. Coupez-le en rondelles de 2 cm d'épaisseur, puis déposez-les sur une grande plaque de cuisson en les espaçant bien.

3 Faites un petit creux au milieu de chaque sablé à l'aide d'une cuillère et versez 1 c. à café de confiture à l'intérieur. Enfournez pour 15 min, puis laissez refroidir sur une grille.

COOKIES AUX DRAGÉES CHOCOLATÉES

POUR 10 COOKIES

Préparation : 20 min
Cuisson : 15 min

80 g de dragées chocolatées
350 g de farine
1 c. à café de levure chimique
1 c. à café de bicarbonate
1 pincée de sel
250 g de beurre ramolli
300 g de sucre
1 œuf
1 c. à café d'extrait de vanille

1 Préchauffez le four 180 °C. Tamisez la farine, la levure, le bicarbonate et le sel dans un saladier. Dans un autre saladier, mélangez le beurre et le sucre jusqu'à obtenir une crème pâle et mousseuse, puis incorporez l'œuf battu et la vanille au fouet. Ajoutez petit à petit les ingrédients secs tamisés en continuant à battre pour obtenir une pâte ferme.

2 Façonnez 10 petites boules de pâte, puis placez-les sur une plaque de cuisson en les espaçant bien. Enfoncez quelques dragées chocolatées dans chaque boule et aplatissez légèrement les boules.

3 Enfournez les cookies pour 15 min, jusqu'à ce qu'ils soient légèrement dorés. Attendez 2 min pour qu'ils durcissent un peu, puis transférez-les sur une grille et laissez refroidir complètement.

TARTE AMANDINE AUX PRUNES

POUR 8 PERSONNES

Préparation : 25 min
Réfrigération : 30 min
Cuisson : 45 min

1 pâte brisée
6 grosses prunes
100 g de beurre
100 g d'amandes en poudre
5 œufs
15 cl de crème liquide
100 g de sucre blond
+ 2 c. à soupe

1 Préchauffez le four à 180 °C. Déroulez la pâte brisée dans un plat à tarte de 23 cm de diamètre et réservez au frais 30 min.

2 Pendant ce temps, faites fondre le beurre dans une casserole à feu doux, puis coupez les prunes en deux et dénoyautez-les. Garnissez le fond de tarte de papier sulfurisé, parsemez de haricots secs et enfournez pour 15 min. Retirez le papier avec les haricots, puis prolongez la cuisson de 5 min.

3 Dans un saladier, mélangez les amandes en poudre, les œufs, la crème, le beurre et le sucre au fouet jusqu'à ce que la préparation soit homogène, puis répartissez-la sur le fond de tarte. Déposez les prunes, côté coupé vers le bas, en les enfonçant dans la pâte. Saupoudrez de sucre et enfournez pour 25 min. Laissez tiédir, démoulez et servez.

SPÉCIAL FRUITS

GÂTEAU MARBRÉ AU CHOCOLAT

POUR 8 PERSONNES

Préparation : 20 min
Cuisson : 55 min

225 g de beurre ramolli
225 g de sucre
4 œufs
225 g de farine à levure incorporée
3 c. à soupe de lait
2 c. à soupe de cacao
1 c. à café d'extrait de vanille

1 Préchauffez le four à 180 °C. Graissez et tapissez un moule à manqué de 20 cm de diamètre de papier sulfurisé.

2 Battez au fouet le beurre et le sucre. Incorporez les œufs un à un en mélangeant bien. Ajoutez la farine, le lait et la vanille, puis mélangez jusqu'à obtenir une pâte lisse. Séparez la pâte à parts égales dans deux saladiers. Incorporez le cacao tamisé dans l'un. À l'aide d'une grande cuillère, remplissez le moule de mélange à la vanille et au chocolat en les alternant. Tapotez le moule contre le plan de travail pour éliminer les éventuelles bulles d'air. Passez la lame d'un couteau plusieurs fois dans la pâte pour créer un effet marbré.

3 Enfournez pour 45 à 55 min, jusqu'à ce que la lame du couteau piquée au centre du gâteau en ressorte propre. Démoulez sur une grille et laissez refroidir.

MOUSSE AU CHOCOLAT AU LAIT

POUR 4 PERSONNES

Préparation : 10 min
Cuisson : 5 min

150 g de chocolat au lait
30 cl de crème liquide bien froide
copeaux de chocolat au lait pour la finition

1 Cassez le chocolat en morceaux et faites-le fondre dans une casserole au bain-marie. Retirez du feu et laissez légèrement refroidir.

2 Battez la crème liquide en chantilly, puis réservez-en 4 c. à soupe. Incorporez délicatement le chocolat fondu à la chantilly et répartissez le mélange dans des coupes en verre.

3 Déposez 1 c. à soupe de chantilly sur la mousse et décorez de copeaux de chocolat. Placez au frais jusqu'au moment de servir.

RECETTE WAHOU !

EXPRESS

RIZ SOUFFLÉ AU CHOCOLAT

POUR 6 PERSONNES

Préparation : 15 min
Cuisson : 5 min

100 g de riz soufflé au miel
200 g de chocolat au lait
30 cl de crème fraîche
25 cl de mascarpone

1 Dans une casserole, faites fondre 150 g de chocolat à feu doux, ajoutez le riz soufflé et mélangez bien.

2 Mélangez la crème et le mascarpone, puis versez sur le chocolat au riz soufflé. Remuez délicatement avec une cuillère sans mélanger complètement pour obtenir un effet marbré.

3 Répartissez le mélange dans des tasses, décorez avec le reste du chocolat râpé ou en petits copeaux.

EXPRESS

FONDUE DE CHOCOLAT AUX FRUITS

POUR 4 PERSONNES

Préparation : 10 min
Cuisson : 3 min

100 g de chocolat au lait
400 g de mélange de fruits (ananas, mangue, fraises, raisin, melon, par exemple)
150 g de yaourt nature

1 Coupez les fruits en petits morceaux, puis piquez les morceaux sur 8 piques en bois en les alternant.

2 Faites fondre le chocolat au micro-ondes à la puissance minimale, puis mettez-le dans un petit bol.

3 Servez les brochettes sur un plateau avec le chocolat fondu et le yaourt pour que chacun puisse tremper sa brochette aux fruits.

SPÉCIAL FRUITS

EXPRESS

CAFÉ GLACÉ

POUR 4 PERSONNES

Préparation : 10 min

15 cl d'expresso
8 biscuits à la cuillère
4 c. à soupe de l'alcool de votre choix
500 g de glace à la vanille ou au café

1 Émiettez 2 biscuits au fond de chaque tasse, arrosez chacune de 1 c. à soupe d'alcool et laissez reposer un instant.

2 Sortez la glace du congélateur. Préparez le café.

3 Mettez 2 boules de glace dans chaque tasse et arrosez de café juste avant de servir.

EXPRESS

GRANITÉ DE MELON

POUR 8 PERSONNES

Préparation : 20 min
Cuisson : 10 min
Congélation : 3 h

2 melons
1 gousse de vanille
100 g de sucre
le jus de 1/2 citron

1 Fendez la gousse de vanille, grattez les graines au-dessus d'une casserole, puis ajoutez le sucre et 15 cl d'eau. Faites chauffer à feu doux jusqu'à ce que le sucre soit dissous, puis portez à ébullition. Faites bouillir 6 à 8 min pour obtenir un sirop et laissez refroidir.

2 Coupez les melons en deux. Épépinez-les et coupez-les en quartiers. Hachez finement leur chair. Dans un plat profond, mélangez le sirop avec la chair de melon et le jus de citron. Réservez au congélateur 1 h, des cristaux vont se former sur les bords. Sortez le plat, ramenez les cristaux vers le centre à la fourchette, puis replacez au congélateur. Répétez l'opération toutes les 30 min pendant 2 h pour que le granité soit entièrement glacé.

3 Au moment de servir, remuez à la fourchette et servez dans des bols.

INDEX DES RECETTES PAR ORDRE ALPHABÉTIQUE

TABLE DES ÉQUIVALENCES FRANCE-CANADA

Poids	55 g	100 g	150 g	200 g	250 g	300 g	500 g	750 g	1 kg
	2 onces	3,5 onces	5 onces	7 onces	9 onces	11 onces	18 onces	27 onces	36 onces

Ces équivalences permettent de calculer le poids à quelques grammes près (en réalité, 1 once = 28 g).

Capacités	5 cl	10 cl	15 cl	20 cl	25 cl	50 cl	75 cl
	2 onces	3,5 onces	5 onces	7 onces	9 onces	17 onces	26 onces

Pour faciliter la mesure des capacités, une tasse équivaut ici à 25 cl (en réalité, 1 tasse = 8 onces = 23 cl).

Crédits photographiques
Marie-Louise Avery : p. 101, 105 ; Carolyn Barber : p. 13 ; Steve Baxter : p. 23, 205 ; Peter Cassidy : p. 39, 159 ; Ken Field : p. 95 ; Will Heap : p. 9, 17, 81, 83, 89, 129, 155, 209, 211 ; William Lingwood : p. 197 ; Gareth Morgans : p. 33, 47, 51, 57, 63, 69, 97, 99, 109, 117, 179, 181, 187, 191, 199 ; David Munns : p. 25, 27, 29, 45, 103, 107, 111, 125, 141, 143 ; Myles New : p. 7, 31, 41, 77, 153, 157, 171, 175, 189 ; Elisabeth Parsons : p. 11, 21, 61, 67, 73, 79, 87, 131, 133, 139, 185, 193, 195 ; Michael Paul : p. 65 ; Craig Robertson : p. 151, 161 ; Roger Stowell : p. 15, 35, 53, 55, 113, 123, 149, 173, 183 ; Sam Stowell : p. 121 ; Dawie Verwey : p. 71, 93, 127 ; Simon Walton : p. 19, 59, 119, 135, 137, 163 ; Philip Webb : p. 37, 147, 165, 169, 177, 201, 203, 207 ; Simon Wheeler : p. 43, 75, 145, 213

Édition originale
Ces recettes ont été publiées pour la première fois par BBC Books, une marque de Ebury Publishing, un département de The Random House Group Ltd.

Édition française
Direction de la publication : Isabelle Jeuge-Maynart et Ghislaine Stora
Direction éditoriale : Émilie Franc
Édition : Flore Beaugendre
Suivi éditorial : Laurence Alvado
Direction artistique : Géraldine Lamy
Couverture : Bastien Gélas
Informatique éditoriale : Philippe Cazabet
Mise en pages : Les PAOistes
Fabrication : Emilie Latour

ISBN : 978-2-03-599559-9

Dépôt légal : janvier 2021
Imprimé en Espagne par Grafo, S.A.
326233/02 – 11047208 – mars 2021